QUESTIONS

D'ÉDUCATION

ET D'ENSEIGNEMENT

DU MÊME AUTEUR

La Géologie à l'école normale, à l'usage des maîtres et des élèves des écoles normales et des établissements d'enseignement secondaire. In-18 avec une carte géologique en couleur et nombreuses figures.
Broché.............................. 1 fr. 50
Relié toile.............................. 2 fr.

Eure-et-Loir. Monographie historique, géographique, agricole et pittoresque. In-18 illustré de 47 gravures et 1 carte en couleur. Cartonné.......... 0 fr. 75

Les Travaux manuels à l'école primaire à l'usage des écoles de garçons. Ouvrage en collaboration avec M. Deramond. Un volume in-8 comprenant plus de 400 exercices et 441 figures. Relié toile...... 3 fr.

QUESTIONS D'ÉDUCATION ET D'ENSEIGNEMENT

PAR

M. DAUZAT
INSPECTEUR D'ACADÉMIE

PARIS
ALCIDE PICARD & KAAN, ÉDITEURS
11, RUE SOUFFLOT, 11

AVERTISSEMENT

En faisant à l'œuvre de l'éducation nationale un nouvel apport d'observations, de recherches et d'efforts personnels, nous avons voulu particulièrement attirer l'attention de nos éducateurs sur les principales questions du jour, *les patronages scolaires, la prévoyance et la mutualité à l'école, l'éducation des adolescents et des jeunes adultes, l'enseignement par l'aspect, l'enseignement antialcoolique*, etc., ainsi que sur les plus intéressantes de celles qui appartiennent au domaine ordinaire de l'école, telles que *l'instruction morale, l'étude du vocabulaire, le dessin perspectif*, etc.

M. D.

N.-B. — C'est pour les instituteurs d'Eure-et-Loir que nous avons pris intérêt et plaisir à écrire ces pages, et c'est à leur intention et à celle de leurs collègues des autres départements que nous les avons réunies dans ce modeste volume.

QUESTIONS
D'ÉDUCATION
ET
D'ENSEIGNEMENT

LES PROGRAMMES DES ÉCOLES PRIMAIRES ÉLÉMENTAIRES

Le décret du 18 janvier 1887 porte en son article premier que l'instruction primaire élémentaire comprend :

L'enseignement moral et civique ;

La lecture et l'écriture ;

La langue française ;

Le calcul et le système métrique ;

L'histoire et la géographie, spécialement de a France ;

Les leçons de choses et les premières notions scientifiques, principalement dans leurs pplications à l'agriculture ;

Les éléments du dessin, du chant et du travail manuel ;

Et les exercices gymnastiques et militaires.

Ce cadre d'instruction générale, tout à la fois simple et complet, qui répond à toutes les exigences comme à toutes les aspirations d'une démocratie, parce qu'il contient en même temps l'éducation de l'âme et du corps, de l'esprit et du cœur, n'en est pas moins critiqué par beaucoup, qui le trouvent trop étendu et voudraient en supprimer les travaux manuels, le chant, les notions d'histoire générale, que sais-je encore ?

Sans essayer une démonstration rigoureuse et entière de la nécessité présente qu'il y a à le conserver intact, nous voudrions cependant répondre, en quelques mots, aux préoccupations qui se sont manifestées et mettre en évidence la solidarité de toutes ces matières pour le but à atteindre, le lien qui les unit entre elles, l'unité harmonieuse qu'elles forment dans leur ensemble.

Après les enseignements dont l'utilité première, indispensable, n'a jamais été contestée par personne, — la lecture courante, expressive et expliquée, l'écriture dans ses principaux genres, la langue nationale, dont l'étude comporte essentiellement celle du vocabulaire, de la grammaire et de la composition, le calcul élémentaire appliqué aux nombres entiers et fractionnaires, au système métrique et aux plus simples des questions usuelles, — ne fallait-il pas inscrire au programme, pour l'éducation du corps, avec les principales règles de l'hygiène, les exercices de gymnastique qui donnent la souplesse et l'agilité aux membres, fortifient les muscles, favorisent le développement normal de l'être physique, et contribuent à faire l'âme saine parce qu'elle habite un corps sain ?

Et les travaux manuels, si propres à l'éducation de l'œil et de la main, qui moralisent en inspirant l'amour et le respect du travail, n'y sont-ils pas à leur place pour ceux que l'atelier va recevoir en grand nombre au sortir de l'école ?

L'esprit, qui n'acquiert toute sa rectitude de jugement, ses qualités d'ordre et d'observation que par l'étude des sciences, ne réclamait-il pas des notions très élémentaires de géométrie, ainsi que des leçons de sciences physiques et naturelles, d'ailleurs d'un attrait si puissant et d'une si grande utilité pratique ? Et pour compléter cette première partie de l'œuvre par l'éducation des sens, qui fortifie celle de l'intelligence, pour donner à l'art, qui civilise, la place qui lui revient dans un plan d'études primaires, ne devait-on pas inscrire, à la suite, le chant qui forme l'oreille et le goût, donne le sentiment du beau, élève l'âme, fait partie de toutes nos réjouissances ? Et le dessin, cet incomparable instrument d'éducation esthétique, indispensable dans la plupart des professions ?

A son tour, la préparation du citoyen ne demandait-elle pas en première ligne l'instruction civique qui apprend à l'enfant l'organisation politique de son pays, qui lui inspire le respect des lois et lui trace les devoirs que

es mêmes lois lui imposent ? Et l'histoire,
qui lui montre les origines, les luttes, les évo-
utions, les gloires et les revers de la France,
qui fortifie en lui l'amour de la patrie, qui
ui sert par surcroît d'excellente leçon de mo-
ale ? Et la géographie, qui lui révèle nos be-
oins par la comparaison de nos ressources
gricoles, industrielles, commerciales et mi-
itaires avec celles des autres nations, qui lui
ait connaître les régions où nos produits na-
urels ou manufacturés peuvent trouver des
ébouchés, comme aussi celles d'où l'on tire
es productions qui nous font défaut?

Enfin, au-dessus de tous ces enseignements,
'instruction morale ne s'imposait-elle pas
omme un couronnement d'édifice, par le but
u'elle se propose : le développement de la
onscience, l'éducation du cœur et de la vo-
onté, la formation de l'être humain dans ce
u'il a de plus noble et de plus élevé? Sans
oute, les autres matières ont pour la plu-
art une portée morale, mais tout ce qui s'en
légage à ce point de vue, épars, disséminé,

sans lien, avait besoin d'être réuni, coordonné, complété dans un enseignement doctrinal suivi, qui doit avoir parmi les autres la place d'honneur.

Ainsi, toutes les parties du cadre officiel étaient naturellement indiquées, en dehors de leur côté utilitaire réel, par leur seule vertu éducative, pour entrer dans un plan général d'instruction laïque, libérale et démocratique du premier degré.

Quant à la rédaction des programmes, qui a eu aussi ses critiques, qu'on a trouvée trop touffue, nous ne saurions assez répéter qu'en l'élaborant, le Conseil supérieur de l'Instruction publique a voulu donner un ensemble détaillé des connaissances propres à constituer dans notre pays l'enseignement obligatoire, mais en laissant à ceux qui sont chargés de l'interpréter la liberté de s'y mouvoir pour le mieux, d'y prendre à telle dose que comporte chaque milieu tout « ce qu'il n'est pas permis d'ignorer ».

Il va sans dire que ce choix doit être

fait avec tout le soin désirable et surtout rigoureusement subordonné au but à poursuivre, qui n'est pas de préparer les enfants à un apprentissage futur, — on l'a rappelé bien des fois, — mais de former des hommes honnêtes et de bons citoyens.

Avec ses connaissances professionnelles, l'instituteur doit pouvoir en effet discerner dans un fait historique ou scientifique, dans une théorie grammaticale ou arithmétique, ce qu'il y a à prendre et ce qu'il faut y laisser ; il ne doit pas ignorer qu'on a généralement peu à dire sur chacun des points visés par les programmes, que si l'exposition des uns, tout en restant élémentaire, demande quelque développement, pour d'autres, il suffit d'un sommaire aperçu ; en un mot, il lui revient de savoir distinguer les questions qui conviennent particulièrement à ses élèves de celles qui veulent être plus ou moins écourtées, ou passées sous silence.

N'a-t-on pas dit d'ailleurs avec beaucoup

de raison que « savoir choisir c'est savoir enseigner » ? Au surplus, les instructions ministérielles portent que « l'idéal de l'école primaire n'est pas d'enseigner beaucoup, mais de bien enseigner » ; qu'on veut surtout que les élèves emportent de l'école, « avec une somme de connaissances appropriées à leurs futurs besoins », « de bonnes habitudes d'esprit, une intelligence ouverte et éveillée, des idées claires, du jugement, de la réflexion, de l'ordre et de la justesse dans la pensée et dans le langage ».

De son côté, M. Burdeau écrivait dans *l'Éducation Nationale* du 21 octobre 1888 que « le programme n'est qu'un modèle de marche à suivre dans l'enseignement ; il ne s'agit pas, ajoutait-il, d'en développer devant l'élève toutes les parties successivement avec une impartiale prolixité, mais bien de se servir des sujets d'étude qu'il indique pour exercer l'esprit, de façon à ce que chacun d'eux laisse une trace dans la mémoire par l'intérêt spécial qu'il aura inspiré »

On ne saurait mieux dire, et ces quelques citations viennent surabondamment appuyer, pensons-nous, les raisons qui militent en faveur de nos programmes scolaires.

L'ÉDUCATION MORALE (1)

Vous avez dû lire dans chacun de nos rapports annuels au Conseil départemental nos appréciations sur l'enseignement des diverses matières des programmes officiels de l'école élémentaire. Nous ne vous surprendrons donc pas en répétant ici que les résultats obtenus pour l'instruction morale ne sont pas encore ceux que nous pouvons attendre et que nous devons obtenir.

Nous aimons à croire que vous sentez bien toute l'importance d'un enseignement qui vise à la culture du sentiment moral et de la conscience, à l'éducation du cœur, de la volonté et du caractère, en un mot, à la formation de l'homme moral dans chacun des enfants que vous êtes chargés d'élever et

(1) Circulaire au personnel enseignant d'Eure-et-Loir.

d'instruire. Mais, tous, savez-vous bien au juste quelles en sont les limites et la forme à l'école primaire? quelle doit être la part du maître à côté ou au-dessus de celle de la famille? quels sont les moyens d'action dont il peut se servir, la meilleure méthode à suivre, les procédés à employer de préférence?

Nous croyons qu'une causerie familière sur ces divers points ne sera pas inutile au plus grand nombre, surtout si ceux auxquels nous nous adressons d'une manière plus spéciale veulent bien lire attentivement ces lignes et en faire l'objet de quelques sérieuses méditations.

Si la société, qui vous confie ses enfants, désire que vous lui rendiez des jeunes gens pourvus d'une solide instruction élémentaire, elle vous demande avant tout de préparer pour la famille des hommes honnêtes, laborieux et bons, et pour la patrie, des citoyens éclairés, braves et courageux. Elle veut que dans vos classes vous travailliez d'une façon intelligente, active et soutenue à développer les bons sentiments et à détruire les mauvais, que vous enraciniez profondément dans l'âme de vos élèves les principes essentiels et fondamentaux de la morale, que vous les ameniez à prendre de louables habitudes, que vous leur inspiriez l'amour du devoir et la volonté de l'accomplir, que vous leur fassiez une « conscience droite » ; elle veut, en somme, que l'école soit le sanctuaire de l'honneur et de la vertu, d'où les enfants sortent chaque jour meilleurs.

Cette tâche réclame tous vos soins et il n'en est pas qui soit l'objet d'une plus vive sollicitude de la part de l'administration de l'Instruction publique, qui a fait tout particulièrement porter sur l'enseignement de la morale une des dernières inspections générales.

Si l'on convient de toute part des difficultés qu'elle présente, des qualités spéciales qu'elle exige de l'instituteur, on sait aussi qu'un éducateur convaincu, qu'un maître soucieux de ses devoirs, prend plaisir à s'y dévouer tout entier et finit par triompher de tous les obstacles, parce que, pénétré de l'amour de l'enfance, il a conscience de la noblesse de sa mission, de l'étendue de sa responsabilité, et qu'il n'attend la récompense de sa peine et de ses efforts que de la satisfaction intime du bien accompli.

Pour vous employer à cette tâche avec succès, il faut que votre savoir sur la matière soit étendu, réfléchi, approfondi, et que vous ayez une connaissance précise des programmes à suivre.

Nous ne saurions donc trop vous engager à relire ces programmes avec la plus grande attention ainsi que les magistrales directions qui les accompagnent. Vous ferez suivre cette lecture de la lettre « d'allure si modeste et de portée si vaste » que vous adressa Jules Ferry, le 17 novembre 1883, de la circulaire de notre éminent vice-recteur, M. Gréard, en date d'octobre 1888, et de l'article si substantiel et si suggestif sur l'*Éducation* du dictionnaire pédagogique de M. Buisson. Vous aurez, en outre, beaucoup à prendre dans les manuels inscrits sur notre liste de livres classiques, et vous tirerez grand profit de l'étude de quelques excellents ouvrages, comme les *Leçons de Morale* de M. Marion, le *Cours de morale théorique et pratique* de M. Compayré, la *Morale pratique* de M. Janet, l'*Instruction morale et civique ou Philosophie pratique* de MM. Laloi et Picavet, *De l'éducation* de M. Ludovic Carrau, *De l'éducation à l'école* de M. Vessiot, l'*Éducation des femmes par les femmes* de M. Gréard, l'*Honnête homme* de M. Steeg, les *Lectures morales et littéraires* de Mlle Vaudouer, etc., qui doivent être pour la plupart dans nos bibliothèques pédagogiques.

Mais, laissons là ces lectures et ces études sur lesquelles vous voudrez bien nous permettre de compter, et voyons ce que doit être l'enseignement de la morale tel qu'on vous le demande.

A notre sens, il comprend deux parties :

l'une, qui s'adresse au cœur, a pour objet d'éveiller les premiers sentiments de l'enfant, d'ouvrir son intelligence au bien et à sa pratique, et se distribue à toute heure, selon les besoins communs ou individuels, parce qu'elle a sa place dans tous les exercices de la classe : c'est à vrai dire l'*éducation morale*; l'autre, qui s'adresse à l'intelligence, a pour objet l'étude raisonnée des préceptes généraux de la morale et demande des leçons variées, s'enchaînant avec ordre : c'est l'*instruction morale*, un des moyens de la première.

L'éducation morale comporte tout d'abord l'étude du tempérament, du caractère, des défauts et des qualités de chacun de vos élèves, la découverte de ce qu'ils apportent de moralité de la famille, pour vous permettre, en partant de là, de combattre les mauvaises habitudes, de fortifier les bonnes et d'en faire naître d'autres, de susciter et de cultiver les bons sentiments, de former le sens moral, de faire connaître le devoir et d'en inculquer l'ardent et profond amour.

Cette partie de votre tâche est sans contredit la plus délicate et la plus difficile des deux. Pour la mener à bien, vous ne serez pas toujours secondés par la famille ; souvent même, vous aurez à détruire ce qu'elle aura édifié pour reconstruire ensuite. D'autre part, vis-à-vis des enfants qui auront reçu un commencement de bonne éducation, il ne suffira pas que vous continuiez l'œuvre des parents; il vous faudra provoquer souvent des émotions morales, en plaçant sous leurs yeux des faits tirés de la vie qui les entoure, des anecdotes et des événements pris dans l'histoire, sans en écarter toujours ce qui pourra être l'objet de leur réprobation : il est des circonstances, en effet, où il y a intérêt à montrer le mal pour en faire ressortir toute la laideur et contribuer à en inspirer l'horreur et le dégoût. Et pour que ces émotions soient ressenties par vos élèves, sachez bien qu'il faut que vous les ressentiez vous-mêmes : rien ne vaut en matière d'éducation comme un accent ému et sincère, qui décèle une ferme et solide conviction.

Il va sans dire que le vocabulaire des termes dont vous aurez à vous servir sera éclairé par toutes les définitions et les explications nécessaires, au fur et à mesure que vous le développerez.

Les moyens d'action et les procédés d'enseignement, variables avec l'âge, le développement intellectuel et moral, le milieu familial des enfants, consisteront d'abord à montrer que chacun de nous est porté d'instinct à aimer et à vouloir le bien ; on se servira de ce penchant inné pour établir la distinction du bien et du mal et pour arriver progressivement jusqu'aux notions de devoir, de dignité et de responsabilité personnelles ; on montrera que la valeur morale d'une action est uniquement subordonnée à ses mobiles ; on s'élèvera jusqu'au phénomène de la conscience ; on habituera chacun à y lire, à apprécier ses actes, à se juger soi-même ; et pour fixer les conclusions qui découleront des entretiens, des lectures ou des leçons, on formulera des maximes ou des préceptes au respect et à l'application desquels tous les élèves seront exercés.

Après vous être adressés au cœur, en faisant appel au sentiment, vous agirez sur l'intelligence en ayant recours à la réflexion, à la raison, au jugement : vous ferez de l'instruction morale.

A cet effet, prenant pour point de départ les connaissances acquises de vos enfants, vous passerez à d'autres d'un ordre plus élevé ; vous abandonnerez de plus en plus le mobile du sentiment, les motifs d'intérêt ou de plaisir que parfois vous aurez pu invoquer, pour parler exclusivement à la conscience ; par le bon sens éclairé, par la réflexion sans cesse excitée, vous ferez découvrir les règles de la conduite humaine dans la vie sociale, que vous établirez sur les bases inébranlables de la morale obligatoire et désintéressée ; vous définirez d'une manière plus précise les notions de conscience, de devoir, de responsabilité, de dignité ; vous montrerez la distinction à faire entre la loi écrite et la loi morale ; vous parlerez des sanctions de l'une et de l'autre ; vous insisterez sur les idées de justice et de charité qui sont respectivement la base et le couronnement de la moralité ; vous ferez connaître les divers devoirs de l'homme vis-à-vis de lui-même, de la famille, de la société, des animaux, etc. ; vous en prouverez la légitimité et la nécessité, et vous terminerez par le respect et la vénération dus à la divinité.

Mais pour qu'un enseignement de cette nature donne tous ses fruits, il faut qu'il aille jusqu'au fond de l'être moral et intelligent à former, qu'il s'y implante d'une manière profonde et définitive, et ce n'est pas trop que l'instituteur soit bien fixé sur l'étendue et la valeur de ses obligations, qu'il parle en convaincu et avec autorité, qu'il soit le plus persuasif des hommes, qu'il s'assure une collaboration efficace des familles, qu'il donne le bon exemple par la dignité de son caractère et de sa vie, et qu'il veille sans cesse à ne froisser les sentiments intimes d'aucun de ses enfants par des imprudences ou un défaut de respect à l'égard de leurs croyances ou de celles de leurs parents.

Enfin, vous devrez éprouver la conscience et l'activité morales de vos élèves en les mettant en présence de résolutions à prendre; vous comparerez souvent le présent au passé afin de relever les résultats acquis et d'en assurer au besoin de meilleurs pour l'avenir, et vous arriverez ainsi à compléter votre ouvrage par une éducation sérieuse de la volonté et du caractère dans chacune des générations d'enfants qui vous auront eus pour guides.

Quant aux exercices scolaires propres à mettre en pratique l'ensemble de ces données, les plus recommandables nous paraissent être les suivants :

Au *cours élémentaire*, on aura recours à des explications d'images, à des récits, à des fables, à des historiettes, à des lectures d'où l'on dégagera des préceptes que l'on fera apprendre par cœur. Dans ce cours, un livre d'instruction morale est inutile.

Au *cours moyen*, tout en continuant l'application des procédés en usage dans le cours élémentaire, on commencera de s'adresser à la conscience et à la raison. Les leçons, claires, bien ordonnées, exactement adaptées à l'intelligence des enfants, ne seront pas de simples exposés du maître ; on y fera une très large part à la collaboration des élèves, qui seront fréquemment interrogés et exercés à l'appréciation des faits, à la recherche des préceptes, etc., et qui donneront eux-mêmes de chaque leçon le résumé oral préparatoire d'un résumé écrit. Les maximes ou préceptes tirés de chaque exercice seront précieusement recueillis et conservés. Si l'on introduit un livre dans ce cours, ce ne sera qu'un livre de lecture de plus, et, modeste auxiliaire de l'instituteur, il ne devra jamais le remplacer, se substituer à sa parole vivante.

Au *cours supérieur*, on s'élèvera de plus en plus, dans le domaine de la morale pure, tout en restant très élémentaire ; on donnera aux leçons une régularité plus grande, un enchaînement plus rigoureux; on choisira des exercices écrits qui demanderont à l'élève plus d'intervention et de liberté personnelles, et l'on conseillera de nombreuses lectures individuelles. Le livre pourra être un manuel à lire ou à consulter pour revoir et coordonner l'enseignement du maître.

Comme moyens généraux, nous appellerons votre attention sur la lecture des meilleurs extraits des grands moralistes, la récitation des morceaux les mieux appropriés à ce genre d'exercice, et les revisions périodiques où se fortifient les sentiments acquis et où la conscience s'éclaire de nouvelles lumières.

Enfin, nous verrions avec plaisir que chacun de vous, pour ses différents cours, eût un carnet de morale où chaque leçon serait représentée par son titre, son plan, son résumé, une liste de lectures et de morceaux à apprendre par cœur, et un sujet de devoir; et nous désirerions qu'il amenât les plus âgés de ses enfants à faire un examen quotidien de conscience et à tenir un compte régulier de leurs bonnes et de leurs mauvaises actions; qu'il relevât pour l'afficher dans la classe tout acte méritoire important; et qu'en fin d'année, il décernât un prix d'honneur, dans chaque division, à l'élève qui se serait le plus distingué par sa conduite et ses efforts à se perfectionner.

L'HISTOIRE ANCIENNE

Il nous est parfois arrivé de lire dans la presse pédagogique des plaidoyers en faveur de la suppression des *notions très sommaires d'histoire ancienne* qui se trouvent inscrites dans nos programmes d'enseignement primaire; quelques-uns des auteurs de ces articles vont même jusqu'à demander que l'histoire de France soit allégée de tout ce qui précède l'avènement des Capétiens.

Nous reconnaissons volontiers que dans un grand nombre d'écoles, dirigées par un seul maître, où la fréquentation est limitée à l'obtention du certificat d'études, la tâche est déjà bien difficile d'arriver, pour le temps qu'on y consacre, à donner aux enfants une idée quelque peu satisfaisante de l'histoire de notre pays, de celle que chacun de nous doit apprendre et connaître avant toute autre.

Nous convenons aussi que le but de l'enseignement historique doit être particulièrement patriotique et moral, et que l'histoire nationale est assez riche en événements de tout genre, en hommes illustres par leurs inventions, les voyages d'exploration, les productions de l'esprit, la jurisprudence, la science politique, la valeur guerrière, les dévouements sublimes, pour qu'il ne soit pas nécessaire de chercher ailleurs que chez nous des faits à mettre sous les yeux de notre jeunesse et des personnages à leur proposer comme modèles.

Mais, nous sommes de ceux qui pensent que dans toutes les écoles où le cours supérieur existe réellement, les élèves n'en doivent pas sortir sans emporter, avec certaines données d'histoire générale, quelques notions sur les grands peuples d'autrefois, des notions très simples, mais très claires, qui leur permettent d'entrevoir ce passé lointain qui ne fut pas sans grandeur, qui a eu ses moments de luttes terribles, de profonde tristesse et de gloire éclatante ; de ce passé inséparable du présent qui le continue après en avoir recueilli le grandiose et précieux héritage, et auquel nous devons une bonne part de nos jouissances matérielles, morales et intellectuelles.

Des enfants qui demandent à l'école primaire un complément de connaissances, après les épreuves du certificat d'études, doivent savoir que de grands et puissants empires ont précédé celui de Charlemagne ; que les peuples de l'Orient sont nos premiers maîtres dans l'art de travailler les métaux, de construire les édifices ; que les Grecs, venus après eux, sont d'inimitables artistes dans tous les genres ; que les Romains, disciples des Grecs, brillent entre tous par leurs qualités guerrières et administratives et sont nos ancêtres pour la langue et le droit. Ils ne doivent pas ignorer que la civilisation humaine, née dans l'Extrême-Orient à une époque des plus reculées, s'est acheminée progressivement, comme la lumière du jour, de l'Est à l'Ouest, à travers l'Asie, a pénétré ensuite de proche en proche en Europe, pour passer en dernier lieu dans le Nouveau-Monde ; et que, dans cette marche lente mais continue, elle a semé sur sa route, avec une profusion toujours croissante, les idées de progrès et de liberté qui permettent de comprendre pourquoi l'heure actuelle présente encore des variétés si différentes dans la forme gouvernementale : l'Asie orientale avec son despotisme théocratique ; la Russie, moitié asiatique et moitié européenne, constituée en autocratie ; l'Europe occidentale, gouvernée par des parlements avec ou sans dynastie de monarques ; enfin, les États de l'Amérique régis par des constitutions qui reposent sur les principes les plus démocratiques.

Pour toutes ces raisons et bien d'autres, l'utilité de leçons très élémentaires d'histoire ancienne au cours supérieur de nos écoles nous paraît incontestable, et voici de quelle manière nous les composerions, si nous avions nous-même à les faire à une division d'élèves.

Pour commencer, nous parlerions très brièvement de ce qu'on appelle *temps historiques* et *temps préhistoriques* ainsi que des principales races humaines, et nous tracerions une carte sommaire, très simple, du monde connu des anciens, sur laquelle nous indiquerions le berceau de chacun des peuples, Égyptiens, Assyriens, Israélites, Phéniciens, Perses, Grecs et Romains, dont nous voudrions entretenir nos jeunes auditeurs.

Ce que nous dirions de chaque nation comprendrait une courte description du pays, un aperçu des grands événements historiques auxquels seraient fidèlement rattachés les noms et les portraits anecdotiques de ceux qui en auraient été les principaux acteurs ; puis, quelques mots sur les croyances religieuses, la société, la famille, les mœurs et les arts, en mettant sous les yeux de nos élèves les gravures ou des dessins au tableau noir, représentant des monuments, des costumes, des armes, etc.

Nous serions d'une sobriété excessive en fait

de dates ; tout au plus donnerions-nous pour les peuples les plus anciens celles qui marquent le commencement de leur histoire et le terme de leur existence.

Le nombre total des leçons serait de quinze à vingt environ, soit cinq ou six pour les Romains, trois ou quatre pour les Grecs, et une ou deux pour chacun des autres peuples.

Et pour terminer cette revue de l'antiquité nous en donnerions un aperçu général dans un tableau synoptique où seraient indiquées la durée de chacune de ces anciennes nations et la manière dont elles se sont absorbées successivement les unes les autres, jusqu'au jour où la dernière venue à l'existence et à la gloire a vu, à son tour, s'effondrer sa puissance sous le coup des invasions barbares du IVe siècle.

LE VOCABULAIRE FRANÇAIS

Si l'on examine de près les cahiers de devoirs journaliers ou de devoirs mensuels des élèves de nos écoles primaires, en les prenant un peu partout, dans les écoles de garçons ou dans les écoles de filles, on remarque généralement que la dictée d'orthographe occupe une place quelque peu démesurée dans l'enseignement de la langue française, et qu'au second rang, mais bien humblement, viennent les exercices de grammaire et de composition. Quant à l'étude des mots sous le rapport de l'étymologie, de la formation et du sens, il en est fort peu question ; on n'en trouve même pas de traces écrites dans beaucoup d'écoles.

Un tel état de choses dénote évidemment un manque d'équilibre entre les parties fondamentales de ce qu'il faut savoir pour posséder une langue, et il révèle peut-être un défaut de connaissance exacte de ces parties.

Toute langue, en effet, se compose de mots qui représentent des idées, qui revêtent une forme première modifiée pour le plus grand nombre d'après leur nature et leur emploi, et que l'on réunit d'après certaines règles pour former le discours. Apprendre le français comporte donc en soi trois branches d'études : celle des mots considérés au point de vue de leur origine et de leur signification : c'est l'objet du *vocabulaire*; celle des mots considérés dans leurs formes et leurs rapports entre eux : c'est l'objet de la *grammaire*; enfin, celle qui s'occupe de l'arrangement des mots en phrases et des phrases entre elles pour rendre une suite de pensées : c'est l'objet de la *composition*.

Et ces trois ordres de connaissances qui ont le premier pour base essentielle et le troisième pour but, sont aussi indispensables l'un que l'autre ; ils doivent entrer d'une manière obligatoire dans l'enseignement de la langue nationale et y marcher de front, avec une allure commune, d'abord modeste, puis de plus en plus large, du cours élémentaire au cours supérieur de l'école. Ils comprennent d'ailleurs, quels qu'ils soient tous les exercices français d'une classe. La lecture expliquée et la récitation n'ont-elles pas pour but, en effet, d'aider à l'étude du vocabulaire et des textes? Les exercices orthographiques sont-ils autre chose qu'un moyen de contrôler et de fortifier le savoir sur le vocabulaire et la grammaire? Le rôle de l'analyse grammaticale et de l'analyse logique n'est-il pas de compléter l'enseignement de la grammaire et de préparer à la composition, en expliquant la nature, les formes, l'emploi et les fonctions des mots, ainsi que leur groupement en propositions et l'agencement de ces propositions en phrases?

Mais notre intention n'étant pas d'aborder ici un aussi vaste sujet que celui de l'étude générale de la langue française, nous laisserons de côté la grammaire et la composition pour nous attacher tout spécialement au vocabulaire.

Dans un mot pris isolément, on peut envisager l'orthographe première, la prononciation, l'espèce grammaticale, le sens, le mode d'emploi, l'orthographe de règles, le mode de formation, l'étymologie et l'histoire.

L'espèce grammaticale, l'orthographe de règles et le mode d'emploi étant exclusivement du domaine de la grammaire, nous n'aurons pas à nous en occuper ; mais nous examinerons successivement, comme se rattachant d'une manière toute particulière au vocabulaire, l'*orthographe première*, la *prononciation*, l'*étymologie*, le *mode de formation*, le *sens* et l'*histoire*.

Nous donnerons sur chacun de ces points des notions générales à la suite desquelles viendra la recherche de ce qu'on peut en retenir pour l'enseignement primaire élémentaire à chacun de ses degrés.

I. — Orthographe première ou usuelle des mots

L'orthographe première, qu'on appelle encore *orthographe usuelle*, est la manière d'écrire les mots considérés seuls, en dehors de tout texte, tels que les donne le dictionnaire.

Bien que l'acquisition des mots se fasse généralement par l'audition, nous pensons que ce qu'il y a tout d'abord à connaître dans un mot, à l'école, c'est l'orthographe usuelle, sur laquelle se règle le plus souvent la prononciation.

Il nous paraîtrait superflu d'insister ici sur l'importance de cette étude; mais il n'est peut-être pas inutile de rappeler qu'elle ne se fait pas et ne doit pas se faire exclusivement par la dictée d'orthographe. Dans tout exercice de classe, oral ou écrit, se rapportant à la langue française ou à toute autre matière, le maître ne doit jamais employer de mot nouveau sans l'écrire au tableau noir, pour en faire connaître la forme et en donner ensuite la prononciation et le sens.

Quant aux dictées orthographiques, nous recommanderons d'une manière toute spéciale, non seulement de lire et d'expliquer le texte avant de le dicter, mais encore de figurer ou d'épeler tout mot qui ne fait pas encore partie du vocabulaire des enfants. Il ne faut pas qu'une orthographe vicieuse entre la première dans l'esprit ; elle nuirait ensuite inévitablement à l'impression et au souvenir de la forme exacte.

Les lectures particulières, les lectures expliquées en commun, la pratique du dictionnaire, l'étude de l'étymologie, de la formation et du sens des mots sont autant de moyens pour faire apprendre à nos élèves l'orthographe usuelle et la fixer solidement dans leur mémoire. Il n'y a pas de règle générale à laquelle elle soit soumise.

II. — Prononciation des mots

Les mots étant représentés par des combinaisons de lettres dans le langage écrit, et par des combinaisons de sons dans le langage parlé, lire ou prononcer un mot, c'est produire l'ensemble des sons que rappelle la forme écrite du mot ou qui correspond à cette forme.

Malgré la tendance générale à faire accorder l'orthographe avec la prononciation, les mêmes assemblages de lettres sont fréquemment traduits par des sons que l'on ne saurait confondre.

La réunion des deux voyelles *a* et *o*, par exemple, se prononce différemment dans chacun des mots *taon*, *paon* et *chaos* : ces deux lettres se contractent en *o* dans le premier, en *a* dans le second, et elles conservent l'une et l'autre leur son propre dans le troisième. A la fin des mots *bac* et *tabac*, *roc* et *accroc*, *bouc* et *caoutchouc*, la lettre *c* est alternativement sonore et muette ; dans *second*, elle a le son de *g*, et dans *fécond*, celui de *k*. La terminaison *ent* a le son *an* dans les substantifs et adjectifs, et elle équivaut à un *e* muet dans les verbes : ainsi, dans cette phrase, les poules du *couvent* *cou-*

vent, les deux derniers mots se prononcent respectivement *couvan* et *couve*; et dans cette autre, les poissons *affluent* à un *affluent*, c'est le premier des mots soulignés dont la terminaison est muette, l'autre se prononce *affluan*. La forme *est*, employée successivement comme verbe et comme substantif dans la phrase, il *est* de l'*est*, à une prononciation différente pour chacun de ses emplois.

Ces exemples, qui pourraient être multipliés, sont une preuve manifeste que les règles générales de la prononciation n'ont rien de fixe, qu'elles admettent de nombreuses exceptions. Et c'est la raison pour laquelle beaucoup de dictionnaires indiquent au moyen de conventions particulières la manière de lire les mots.

Toutefois, il est indispensable, surtout quand on enseigne, de bien connaître ces règles qui se rapportent, d'une part, aux *sons* représentés par les lettres de l'alphabet et leurs combinaisons élémentaires (voyelles simples et composées, diphtongues, consonnes simples, doubles et composées); d'autre part à l'*accent tonique*, dont le rôle est de donner par l'intonation, dans un mot, plus d'importance à une syllabe qu'aux autres; et, enfin, à la *quantité*, qui détermine la durée relative de la prononciation sur les diverses syllabes d'un même mot.

Le vocabulaire français contient un très grand nombre de termes qui, considérés deux à deux, trois à trois, etc., ont la même prononciation sous des formes généralement différentes et avec des sens particuliers : on les appelle des *homonymes*. Tels sont : *divergeant* (participe présent) et *divergent* (adjectif); *extravaguant* (participe présent) et *extravagant* (adjectif); *for*, *fors* et *fort; arc*, *arrhes*, *art* et *hart; vair*, *ver*, *verre*, *vers* et *vert*, etc. Mais cette catégorie de mots ne doit pas être confondue avec celle des *paronymes*, dont la prononciation n'est qu'approchée, comme *paume* et *pomme*, *bête* et *bette*, *pâte* et *patte*, où la première syllabe est longue pour le premier mot de chaque groupe et brève pour le second ; moins encore doit-elle comprendre des mots comme *anoblir* et *ennoblir*, *colorer* et *colorier*, *éminent* et *imminent*, *venimeux* et *vénéneux*, etc., que certains grammairiens considèrent comme des *paronymes éloignés*.

L'instituteur doit trouver dans l'étude de ces termes à prononciation identique ou voisine, une série d'exercices très intéressants : il montrera à ses élèves que les homonymes n'ont pas nécessairement une orthographe différente, qu'il en est qui s'écrivent de même et sont du même genre, comme *bière* (boisson) et *bière* (cercueil), ou sont l'un masculin et l'autre féminin, comme *crêpe* (étoffe) et *crêpe* (galette), *vase* (récipient) et *vase* (limon), etc. Il faut toutefois pour rendre ces exercices vraiment utiles, qu'après avoir fait grouper et définir les mots de même son, il mette à l'épreuve ce que les élèves auront retenu de ce premier travail, en leur demandant de composer de petites phrases courtes dans chacune desquelles sera compris un des mots étudiés ; il pourra donner aussi des phrases à compléter, dans lesquelles il aura laissé en blanc la place des homonymes.

Mais, nous revenons à la prononciation, qui doit être surveillée de très près à l'école pour devenir bonne, c'est-à-dire franche et nette, débarrassée des incorrections locales. C'est par l'habitude et sous l'influence du bon exemple que les enfants apprennent à bien parler; aussi pour que ce côté du langage devienne autant que possible irréprochable, il doit être de bonne heure l'objet de soins tout particuliers: une prononciation vicieuse se corrige plus tard très difficilement.

III. — Étymologie des mots

L'étymologie a pour objet la recherche de l'*origine* des mots et l'explication de leur *sens* propre.

Laissons, pour la traiter plus loin, la question relative au sens et occupons-nous de celle qui a trait aux origines.

Tout d'abord, notre vocabulaire peut être

considéré comme composé de trois grandes classes de mots, la première, de formation populaire et primitive, antérieure au XIVe siècle; la seconde, constituée par les mots étrangers que notre contact avec les autres peuples a introduits dans la langue française à partir du XIIIe siècle; enfin, la troisième, créée par les savants depuis le XIe siècle jusqu'à nos jours.

I. — Les mots d'*origine populaire*, au nombre de 12 000 environ, proviennent pour la plupart du latin vulgaire; les autres sont tirés de la langue germanique, et quelques-uns de la langue celtique et de la langue grecque.

Ce premier fonds comprend autour de 3 800 éléments latins, 420 germaniques, 20 grecs et 20 celtiques.

Chacun sait que ce fut à la suite de la conquête de la Gaule par Jules César que le latin populaire devint la langue de notre pays, mais que dans cet événement les mots latins subiront, surtout par la prononciation gauloise, de profondes altérations résumées dans les trois règles principales de la *persistance de l'accent tonique,* de la *chute des voyelles atones* et de la *chute de la consonne médiane.* Comme exemples, le mot *crudelem* a donné le mot français *cruel* par la conservation de la voyelle accentuée *e* et la chute de la consonne médiane *d* avec la terminaison *em*; le mot *septimanam* est devenu le mot français *semaine,* par la conservation de la syllabe accentuée *ma* et la chute de la voyelle atone *i* ainsi que de la consonne médiane *t,* etc. En dehors de ces altérations générales des mots, il y en eut d'autres qui portèrent sur les lettres elles-mêmes et qui consistèrent en de nombreuses modifications des voyelles et en des permutations de consonnes ordinairement de même ordre, labiales entre elles, dentales entre elles, etc. Ainsi, le mot latin *duplum* qui a donné *double* en français, a vu l'*u* accentué changé en *ou* et le *p* en *b*; le mot *aquilam* pour donner *aigle* a vu l'*a* accentué devenir *ai* et le *q* se transformer en *g*, etc.

Les éléments germaniques primitifs ont été introduits dans notre langue par les soldats germains au service de Rome dans la conquête gauloise, par les invasions des Francs et des Burgundes au Ve siècle et par les Normands au Xe. Ce sont généralement des termes de guerre, de chasse, de navigation : *guerre*, *héraut*, *halte*, *butin*, *esquif*, *digue* ; des titres de dignités : *échevin*, *maréchal*, *sénéchal* ; des noms d'institutions : *alleu*, *ban*, *gabelle*, *fief*, etc.

Entre autres mots venus du grec par l'intermédiaire du peuple, nous avons *bocal*, *bourse*, *chère*, *parole*, etc.

Le celte nous a donné *alouette*, *braie*, *cervoise*, *dune*, *pinson*, *vassal*, *saie*, etc.

Hâtons-nous de dire que tous ces mots germaniques, grecs et celtiques ne sont devenus français qu'après avoir passé par la langue latine, qui nous les a transmis, et avoir ainsi subi les lois de la transformation des mots latins.

II. — Les mots *d'origine étrangère* sont les moins nombreux ; ils appartiennent surtout à l'arabe, à l'italien, à l'espagnol, à l'allemand, à l'anglais, etc.

De l'arabe et autres langues orientales nous avons reçu par les croisades et le commerce du XIIIe siècle : *alcool, algèbre, bazar, café, calife, chérubin, chiffre, divan, échec, girafe, magasin, orange, pacha, sultan, tambour, zéro*, etc.

L'italien nous a donné, après nos expéditions au delà des monts et les alliances des rois de France avec les Médicis, près de 500 mots dont voici quelques-uns : *arlequin, artisan, balcon, brigand, caporal, charlatan, escrime, fantassin, mascarade, polichinelle, quadrille, soldat, ténor, violon*, etc.

Le séjour des armées espagnoles en France à la fin du XVIe siècle ainsi que les relations de la cour de Louis XIII avec l'Espagne introduisirent chez nous une centaine de mots espagnols tels que : *abricot*, *caban*, *caserne*, *chocolat*, *domino*, *galon*, *marmelade*, *mantille*, *nougat*, *tabac*, *tomate*, *vanille*, etc.

Nos différentes guerres avec l'Allemagne ont importé, de leur côté : *bivouac*, *blocus*, *canette*, *choucroute*, *gargote*, *havresac*, *kirsch*, *obus*, *reître*, *rosse*, *sabre*, *vaguemestre*, etc.

A son tour, l'Angleterre nous donne au XIXe siècle : *bifteck*, *boxe*, *chèque*, *club*, *coke*, *drainer*, *jockey*, *jury*, *pamphlet*, *paquebot*, *rail*, *redingote*, *square*, *toast*, *tunnel*, *wagon*, etc.

III. — Quant aux mots *d'origine savante*, au nombre de 18 000 environ, ils ont été empruntés au grec et au latin.

C'est surtout au XVIe siècle, dans leur ignorance des lois naturelles du français, que les savants de la Renaissance forgèrent des milliers de mots en les calquant sur ces deux langues anciennes. Il en résulta des formes doubles issues des mêmes mots, les unes d'origine populaire et les autres d'origine savante, auxquelles on a donné le nom de *doublets*. Tels sont les mots *dette* et *débit* qui viennent l'un et l'autre de *debitum*; *frêle* et *fragile* tirés de *fragilem* ; *porche* et *portique*, de *porticum*; *cercler* et *circuler*, de *circulare*; *hôtel* et *hôpital*, de *hospitale*; *avoué* et *avocat*, de *advocatum*, etc.

IV. — A côté de ces trois grandes couches de mots, il y en a un certain nombre qui ont une *origine historique*, comme *baïonnette*, *calicot*, *indienne*, *mousseline*, etc., qui viennent de Bayonne, Calicut, Inde, Mossoul ; *barême*, *chassepot*, *guillotine*, *mansarde*, etc., qui portent les noms des inventeurs de ce qu'ils représentent, le mathématicien Barême, le contrôleur d'armes Chassepot, le docteur Guillotin, l'architecte Mansard. D'autres se sont formés par imitation de cris, de sons, de gestes, etc. ; ils ont reçu le nom d'*onomatopées*; tels sont : *croasser*, *miauler*, *babiller*, *caqueter*, *clapoter*, *pouffer*, *cliquetis*, *glouglou*, etc. Tous ces mots ajoutés à ceux d'origine étrangère donnent un total d'environ 2 000 termes.

V. — Enfin, voici quelques-uns des 650 mots d'origine inconnue : *ardoise, baliverne, besoin, caillou, débaucher, éblouir, fardeau, galet, haricot, jargon, liard, manivelle, nigaud, patte, rêve, varlope,* etc.

Maintenant, qu'y aura-t-il à prendre pour l'école primaire dans tout ce que nous venons de dire sur l'étymologie ? Bien peu de chose assurément, même pour le cours supérieur. On pourra étudier les principales racines tirées du latin et du grec, les mots historiques et les onomatopées, quelques doublets, donner incidemment à de bons élèves une idée succincte de la constitution de notre vocabulaire, leur faire connaître, à l'occasion, l'origine étrangère de quelques mots ; mais ce sera tout. Et si nous sommes entré dans quelques détails, c'est en pensant que nous écrivions surtout pour les maîtres et qu'il y avait intérêt à ne pas trop écourter cette partie de notre étude.

IV. — Formation des mots

La plupart des mots de la langue française se composent d'une *racine*, ou élément primitif de chacun d'eux, et d'*affixes* qui s'ajoutent à la racine pour en modifier la signification et créer des termes nouveaux. Si l'affixe précède la racine, il prend le nom particulier de *préfixe*, et le mot formé est un *composé;* s'il la suit, on l'appelle *suffixe*, et le mot formé est un *dérivé*. Par opposition, les termes simples qui viennent directement de la racine sont dits mots *primitifs*.

Nous avons donc deux modes de formation des mots : la *composition* et la *dérivation*.

I. — La composition peut se faire par la réunion de deux mots déjà existants ou par l'addition d'un préfixe à un mot.

Le premier mode a donné des noms tirés exclusivement du français et formés, soit de deux noms : *chiendent, gendarme, chef-*

lieu, *timbre-poste*, etc., soit d'un nom et d'un adjectif : *bonjour*, *vinaigre*, *basse-cour*, *chauve-souris*, etc. ; ou d'un nom et d'un verbe : *parapluie*, *vaurien*, *abat-jour*, *porte-monnaie*, etc. ; d'un nom et d'un mot invariable : *sous-préfet*, *après-midi*, etc. ; de deux adjectifs : *sourd-muet*, *sauf-conduit*, etc. ; ou bien encore de deux verbes : *laissez-passer*, etc. Il a donné des noms, tirés du latin par la réunion de deux noms : *capricorne* (capri-cornus, corne de chèvre), *orfèvre* (auri-fabrum ouvrier en or), etc. ; d'un nom et d'un adjectif : *aubépine* (albam spinam, blanche épine), *printemps* (primum tempus, premier temps), etc. Par l'assemblage de deux mots, on a formé en outre, des adjectifs : *aigre-doux*, *tout-puissant*, etc., qui sont d'origine française ; *aurifère* (de aurum, or, et de ferre, porter), *agricole* (de ager, champ, et de colere, cultiver), etc., qui sont d'origine latine ; des verbes : *arc-bouter*, *colporter*, *maintenir*, etc., qui viennent du français. Enfin, il est des mots qui résultent de la réunion de deux mots grecs : *géologie* (de gê, terre, et de logos, discours, étude), *démocratie* (de démos, peuple, et de kratos, puissance), *orthographe* (de orthos, droit, et de graphos, écrit), etc.

La composition par les préfixes est celle qui donne le plus grand nombre de mots. Elle a recours, soit à des préfixes latins comme *ab, ad, ante, cum, de, ex, in, ob, prae, re, sub, super*, etc., qui entrent dans *abus, adjoindre, antédiluvien, condisciple, défaire, exporter, inactif, obstacle, président, redire, subalterne, superfin*, en ajoutant aux racines une idée d'éloignement, de liaison, d'antériorité, de contemporanéité, de destruction, d'extraction, de négation, d'opposition, de priorité, de répétition, de subordination, ou de supériorité; soit à des préfixes grecs tels que : *a, anti, cata, épi, péri, syn*, etc., qui aident à former *aphone, antipathie, catalogue, épiderme, périmètre, synchronisme*, en ajoutant aux racines une idée de privation, de contraire, de mouvement descendant, de supériorité, de contour, ou de simultanéité.

II. — La dérivation des mots a lieu par des changements d'espèce grammaticale et par l'addition de suffixes à des mots déjà existants.

Les noms, les adjectifs, les verbes, les participes et les mots invariables sont susceptibles de changer d'espèce. C'est ainsi que les adjectifs *beau, utile, riche*, etc., les verbes *devoir, manger, repentir*, etc., les participes *couchant, fait, sortie*, etc., les mots invariables *car, comment, holà*, sont devenus des noms ; que, de leur côté, les noms *drôle, ladre, rose*, etc., ont pris le rôle d'adjectif, ainsi que les participes *charmant, connu, poli*, etc.

Parmi les suffixes, tirés pour la plupart du latin, il en est qui ne conviennent qu'aux substantifs, tels que : *ade, age, ation, erie, isme, ment, té, tude, ure*, etc., que l'on trouve dans *fusillade, plumage, fondation, étourderie, patriotisme, vêtement, bonté, habitude, blessure*, où ils apportent aux racines des modifications de sens très variés.

D'autres ne servent qu'à former des adjectifs, comme *able, ais, al, ard, el, ible, ois, u,* etc., qui se voient dans *durable, français, oriental, criard, mortel, lisible, villageois, chevelu,* et où ils indiquent la possibilité, l'origine, la manière d'être, etc.

Les verbes ont les leurs, tels que : *er, ir, iser, oyer, fier,* que l'on rencontre dans *marcher, finir, civiliser, guerroyer, bonifier,* et dont la signification, pour les trois derniers, est celle de *faire* ou de *rendre*.

Quant aux adverbes, leur principal suffixe est *ment* avec le sens de manière : *habilement, profondément, gentiment, prudemment.*

Certains suffixes ont un sens diminutif comme *eau, et, ette, ole, on,* etc., dans les noms *lionceau, jardinet, maisonnette, bestiole, ânon ; et, ot,* etc., dans les adjectifs, *maigrelet, vieillot ; eter, iger, iller, oter,* etc., dans les verbes *tacheter, voltiger, pointiller, picoter* ; d'autres ont un sens augmentatif comme *issime* dans *richissime* et *grandissime* ; d'autres sont péjoratifs comme *aille* dans le nom *valetaille, ard* dans l'adjectif *vantard, asser* et *ailler* dans les verbes *paperas-*

ser et *écrivailler* ; d'autres, enfin, marquent la répétition comme *oter*, *asser* et *ailler* dans *clignoter*, *rêvasser*, *tirailler*.

III. — Quand on possède la clef de la formation des mots, il importe de savoir s'en servir pour décomposer un mot quelconque en sa racine et ses affixes, en d'autres termes, pour en découvrir les divers éléments.

Cette décomposition demande l'examen préalable de la forme du mot et la distinction de chacune des parties qui ont servi à le composer et à lui donner sa signification. On enlève ensuite, successivement, les préfixes et les suffixes qu'il peut avoir : ce qui reste est la racine, qui représente une partie ou la totalité d'un mot primitif. Prenons pour exemple le mot *incompressibilité*, dans lequel on remarque, d'une part, les deux préfixes *in* et *com*, de l'autre, les suffixes *té* et *ible* (ce dernier un peu modifié) ; en enlevant ces affixes, il reste *press*, qui est la racine du mot.

IV. — Il est un autre problème, très important, qui découle du mécanisme de la composition et de la dérivation, c'est la recherche des différents termes issus de la même racine et dont l'ensemble forme ce qu'on appelle une *famille* de mots.

Pour le résoudre, il faut d'abord séparer la racine du mot donné, si ce mot n'est pas lui-même une racine ; puis chercher les divers composés de cette racine, si elle est un mot, ainsi que ses dérivés et ceux de ses composés, dans les noms, les adjectifs, les verbes, les participes et les adverbes ; voir ensuite si la racine ne prend pas d'autres formes que la première, ce qui arrive généralement ; trouver les composés et les dérivés de chacune de ces formes particulières · examiner, enfin, s'il y a des composés des mots déjà trouvés et en découvrir les dérivés. Quand la racine n'est pas un mot, on a recours à ses dérivés pour former les premiers composés.

Ce travail délicat et difficile exige beaucoup d'attention et de soin. On le complète au fur et à mesure des recherches, par la signification des mots qu'il comprend, et l'on en présente le résultat sous la forme d'un tableau qui porte, en tête, la racine et ses variantes, dans une première colonne, les composés, et dans une seconde, en regard de ces derniers, les dérivés qu'ils forment ; les définitions de mots viennent à la suite.

Si nous appliquons ces indications à la constitution de la famille du mot *porter* dont la racine est *port*, nous trouvons en premier lieu que cette racine qui est un mot, donne avec les préfixes les composés *apport*, *rapport*, *report*, *support* et *transport*. En reprenant chacun de ces mots, on a les dérivés suivants : *porter*, *portée*, *portage*, *portement*, *porteur*, *portable*, *portatif* ; *apporter* ; *rapporter*, *rapporteur* ; *reporter* ; *supporter*, *supportable*, *supportablement* ; *transporter*, *transportation* et *transportable*. De son côté, le verbe *porter* forme les composés *colporter*, *comporter*, *déporter*, *emporter*, *exporter* et *importer*, qui donnent les dérivés *colportage*, *colporteur* ; *déportation*, *déportement* ; *emportement* ; *exportation* ; *im-*

portant; *importance* et *importation*. Deux de ces composés, *exporter* et *importer* ont pour composés eux-mêmes *réexporter* et *réimporter*, dont *réexportation* et *réimportation* sont les dérivés ; enfin, *supportable* a pour composés *insupportable* et *insupportablement*. Nous laissons à nos lecteurs le soin de mettre ces mots en tableau et d'établir le sens particulier de chacun.

Cet aperçu de la formation des mots et de leur groupement en famille montre combien des exercices de ce genre peuvent être utiles et intéressants et quel excellent parti on en doit tirer à l'école pour former le vocabulaire des élèves tout en leur procurant une abondante provision d'idées.

Si dans le cours élémentaire, on doit être très sobre d'explications sur tout cela, on n'y doit pas moins commencer la recherche des dérivés et des composés de mots choisis entre les plus simples, pour continuer, dans le cours moyen, par des notions sommaires sur la composition et la dérivation, puis par l'étude des mots les plus usités parmi ceux qui appartiennent à une même famille ; au cours supérieur reviennent de plus amples détails et de plus longs développements au double point de vue théorique et pratique.

V. — Signification des mots

La signification d'un mot en est la partie essentielle, celle qu'il importe, par conséquent, le plus de connaître ; elle dépend des éléments, racine et affixes, dont est formé ce mot. Pour la connaître, il faut donc étudier chacun de ces éléments.

Soit, par exemple, le mot *imperfectibilité* qui se compose de la racine *fect*, des deux préfixes *im* et *per*, et des deux suffixes *ible* et *té* ; le sens peut en être analysé ainsi : *té*, caractère de ce qui est ; *im*, non ; *ible*, susceptible ; *fect*, d'être fait ; *per*, entièrement. Nous avouerons que cette analyse n'est pas toujours aussi facile.

Le sens qui résulte de la valeur de chacun des éléments d'un mot s'appelle le *sens propre* : c'est la signification originaire et primitive de ce mot.

Mais il est arrivé pour la plupart des termes de notre langue d'être détournés de leur premier sens pour être appliqués à des idées auxquelles ils ne convenaient pas par leur étymologie : les nouveaux sens qu'ils ont reçus sont des *sens figurés*. C'est ainsi que, pour des raisons d'analogie, le mot *feuille* a été pris dans le règne végétal pour désigner une partie mince de plusieurs choses (feuille de papier, de carton, de métal, etc.). Il est des mots comme *amer, enchaînement, surmonter*, etc., qui ont passé de l'expression d'un fait matériel à celle d'un fait intellectuel ou moral, comme dans les exemples : douleur *amère, enchaînement* des idées, *surmonter* des ennuis. Certains, comme les adjectifs *grand, honnête*, etc., changent de sens en changeant de place : un *grand* homme et un *honnête* homme ne signifient pas un homme *grand* et un homme *honnête*. D'autres, enfin, ont passé par des sens figurés successifs, si différents, qu'il est parfois difficile de saisir le rapport du dernier avec le sens propre. C'est le cas du mot *timbre* dans son application à *timbre-poste*; la filiation des sens paraît être la suivante : *timbre*, tambour qui résonne, corde à boyau qui résonne dans le tambour, cloche résonnant par un choc extérieur, partie d'un casque arrondi comme une cloche, ornements du casque caractéristiques de la dignité de celui qui le porte, marque officielle sur certains papiers, et *timbre-poste*.

Ces changements très nombreux de sens ont fait qu'il existe dans le vocabulaire français des mots qui ont une grande ressemblance dans leur signification : ce sont des *synonymes*, qui ont la même racine, comme *cher* et *chéri*; *passer*, *dépasser*, *surpasser* et *outrepasser*; ou des racines différentes, comme *casser*, *rompre* et *briser*; *force*, *énergie* et *vigueur*. Si certains synonymes représentent parfois un même objet ou une même chose, comme *formène* et *gaz des marais*; *gastralgie* et *mal d'estomac*, etc., l'un des termes appartient généralement au langage scientifique : la langue courante ne connaît pas et ne peut pas connaître de synonymes parfaits, et c'est à cela qu'elle doit à la fois son unité, sa richesse et sa perfection.

Quantité de mots ont leurs contraires ou leurs opposés : *blanc* est l'opposé de *noir*, *bon* est celui de *mauvais*, *louer* celui de *blâmer*. Quelques-uns, à plusieurs sens, peuvent avoir plusieurs contraires, comme l'adjectif *juste* auquel sont opposés, suivant le sens, *injuste*, *faux*, *erroné*, *exagéré*, etc.

L'étude des synonymes et des contraires, qui demande beaucoup de sagacité et de jugement, est des plus utiles : elle parachève celle de la signification des mots, parce qu'elle permet de saisir, dans ces rapprochements et ces oppositions, les nuances les plus délicates et les plus subtiles qui distinguent les sens des termes envisagés, et qu'elle conduit à l'adaptation exacte des expressions aux idées à rendre. Elle est donc une de celles qui préparent le mieux à la composition.

A l'école primaire, l'étude de la signification des mots doit se faire par des exercices oraux et des exercices écrits, qui ont pour point de départ la dénomination d'objets et de parties d'objets connus ; vient après la signification des mots qui désignent des choses matérielles, tangibles, en commençant par celles qui sont familières aux enfants ; on s'élève ensuite graduellement à la signification de ceux qui représentent des idées abstraites ; on aborde finalement les sens figurés, les sens contraires et les synonymes. Il est utile que chaque exercice soit suivi, pour le contrôle, de phrases à composer, et à compléter si l'exercice est écrit, sur chacun des mots étudiés, et nous recommandons le groupement des mots d'après l'analogie de sens. Pour tout cela, il faut que les élèves sachent se servir de bonne heure du dictionnaire, en apprenant successivement à trouver un mot quelconque, et à distinguer dans les définitions qu'on en donne les sens figurés du sens propre. A ce sujet, le maître fera bien de consacrer de temps à autre quelques instants à des exercices en commun avec le dictionnaire en main.

VI. — Histoire des mots

Comme les peuples dont ils expriment les idées, les mots ont leur histoire, parce qu'ils ont une vie propre qui comprend les trois termes ordinaires de l'existence : la naissance, le cours de la vie avec ses gloires et ses vicissitudes, et la mort.

On sait, en effet, que le langage subit de continuelles transformations, qui font que les mots, après y avoir été introduits, s'y modifient à la longue, dans leur orthographe, leur prononciation et leur signification, et finissent souvent par en disparaître.

Les *néologismes* ou mots nouveaux ont deux origines : ils sont formés par dérivation ou composition, ou empruntés aux langues étrangères, pour représenter des idées ou des faits nouveaux, comme les nombreux termes que nous devons aux progrès incessants des sciences, des arts, de la philosophie, etc., ou bien ce sont des mots déjà existants qui reçoivent de nouveaux sens, comme *voile*, *Har-*

pagon, *Champagne*, etc., que l'on a employés pour désigner respectivement un navire, un avare, du vin fabriqué en Champagne ; comme *aborder*, qui est un terme de marine détourné de son sens propre dans l'expression : *aborder* une question, etc.

Le développement ou le dépérissement d'un mot dépend de l'augmentation ou de la diminution du nombre d'idées qu'il représente. Il grandit et dure comme la faveur qui s'attache à ces idées ; il diminue d'importance à chaque victoire qu'il perd dans la concurrence vitale des mots.

Ainsi *vilain* a eu les sens successifs d'homme des champs, de roturier, de ladre, de laid ; *plume*, a désigné d'abord la plume d'oiseau, puis la plume d'oie pour écrire, et enfin, le petit instrument métallique qui s'est substitué à la plume d'oie ; *méchant* a signifié successivement : qui a mauvaise chance, qui a peu de valeur (méchant livre), qui est pervers (homme méchant) ; de même le mot *tête*, désignant la partie supérieure du corps, s'est appliqué ensuite à tête d'épingle, tête de vis, tête de marteau, etc., et, représentant la partie extrême du corps, à tête de ligne, tête de canal, tête de pont, etc.

Contrairement à ces faits, d'autres mots ont subi une restriction de sens: *dextre* et *senestre*, se disent fort peu aujourd'hui ; *quérir*, n'est plus employé qu'à l'infinitif avec les verbes aller, envoyer et venir; *sevrer*, qui signifiait autrefois séparer, n'a plus que le sens restreint de cesser d'allaiter; *traire*, qui avait tous les sens de tirer (traire l'aiguille, traire l'épée, etc.), ne se dit plus que dans traire le lait; il en est de même de *trépasser*, qui du sens général de passer au delà n'a conservé que le sens particulier et peu usité de mourir, etc.

Les mots disparaissent lorsque, cessant de plaire, ils font place à d'autres, ou bien qu'ils représentent des choses qui disparaissent elles-mêmes. C'est la raison pour laquelle sont tombés beaucoup de termes qui désignaient des objets, des faits et des idées du moyen âge, et que sont disparus ou à peu près les mots : *moult*, dont le sens était celui de beaucoup, *ost*, qui signifie armée, *souloir*, qui a été remplacé par être accoutumé, *ive*, auquel s'est substitué jument qui désignait d'abord une bête de somme, etc. Pour multiplier ces exemples, il suffirait d'ouvrir le vocabulaire d'un auteur du XVIe ou du XVIIe siècle; on y relèverait une foule d'expressions qui ne se rencontrent plus dans la langue courante.

Mais tout cela ne se rapporte qu'aux variations de sens. Les mots ont aussi éprouvé, au cours de leur existence, dans leur orthographe et leur prononciation, des modifications qui sont dues, soit à des changements pour raison d'analogie dans les formes grammaticales, soit à des altérations successives dans la prononciation. *Voir* se serait écrit successivement *vedeir*, *veeir*, *veoir* et *voir*; dans *fait*, se seraient succédé les formes *fait*, *faict* et *fait*; *moule* aurait passé par *modle* et *molle*; *écouter*, par *esculter*, *escolter* et *escouter*, etc.

Il ne faudrait pas croire, toutefois, que les variations de l'orthographe ont suivi immédiatement celles de la prononciation. Au XVIe siècle, les expressions il *étudioit*, il *venoit* se lisaient comme aujourd'hui, il *étudiait*, il *venait*, et ce n'est qu'au XIXe siècle qu'on a fait accorder officiellement l'orthographe avec la prononciation. Par contre, le mot *loi*, avec sa forme actuelle, s'est prononcé successivement *loè*, *loa*, *loua*, *louè*, *lè* et *loi* ; au XVIe siècle, *Pierre* et *guerre* se disaient *Piarre* et *guarre*, et cent ans après, *camarade* et *charme* se prononçaient *camerade* et *cherme*.

La conformation du son à la figure a été de tout temps l'objet de nombreuses tentatives dont quelques-unes ont abouti à de sérieuses réformes. Au XVIIIe siècle, l'Académie supprime le *c* dans *faict*, *traict*, *sçavoir*, etc., l'*s* dans *maistre*, *teste*, *fenestre*, etc., et le *t* dans *enfants*, *parents* ; elle distingue l'*i* du *j* et l'*u* du *v*, etc. ; en 1835, elle accepte l'orthographe il *aimait*, il *voulait*, elle rend le *t* à *enfants*, *parents*, etc. ; en 1878, elle remplace l'accent aigu par un accent grave dans *collège*, *siège*, etc., le tréma, par un accent grave dans *poète*, *troène*, etc. ; elle écrit en un seul mot *contrefort*, *entrecôte*, etc. On sait que de nouvelles réformes sont actuellement à l'étude.

Nous terminerons par là ces données sur l'histoire des mots, qui s'adressent plus particulièrement aux maîtres. A l'occasion cependant, on pourra parler aux élèves les plus avancés des variations de l'orthographe, de la prononciation et du sens de quelques mots.

VII. — Conclusion

Pour nous résumer sur le parti à tirer de cette longue causerie, au point de vue de l'enseignement primaire élémentaire, nous tracerons ainsi qu'il suit la tâche de chacun des cours de l'école dans l'étude du vocabulaire :

COURS ÉLÉMENTAIRE. — *Exercices oraux.* — Prononciation des mots. — Dénomination d'objets et de parties d'objets usuels. — Noms dérivés d'adjectifs, adjectifs dérivés de noms, verbes dérivés de noms et d'adjectifs. — Diminutifs de certains noms. — Contraires de quelques mots : noms, adjectifs, verbes. — Mots se rapportant à un même ordre d'idées. — Signification des mots étudiés. — Définition de mots en se servant de ceux dont ils dérivent.

Exercices écrits. — Petites dictées de mots usuels. — Relevé de quelques exercices oraux, tels que : noms, adjectifs ou verbes avec des dérivés ; certains mots et leurs contraires; mots réunis par analogie d'idées. — Composition de petites phrases où entrent les mots étudiés ; phrases à compléter dans lesquelles on a supprimé ces mots.

COURS MOYEN. — *Exercices oraux.* — Continuation des exercices du cours élémentaire. — Distinction de mots primitifs et de mots dérivés. — Distinction, dans un dérivé, de la racine, des préfixes et des suffixes. — Dérivation des mots : étude de quelques suffixes et du rôle de chacun ; formation de mots avec des racines et des suffixes donnés ; étude de quelques diminutifs. — Composition des mots : étude de quelques préfixes et de leur signification ; formation de mots avec des racines et des préfixes donnés. — Décomposition de mots en leurs éléments, et sens de chaque élément. — Recherche de mots de la même famille. — Sens propre et sens figuré des mots. — Homonymes. — Synonymes simples. — Contraires de noms, d'adjectifs, de verbes et d'adverbes.

Exercices écrits. — Continuation des exercices du cours élémentaire. — Mots formés d'après des racines, des préfixes et des suffixes donnés. — Mots de la même famille. — Homonymes. — Synonymes. — Contraires. — Faire suivre chaque exercice de la définition des mots étudiés et de petites phrases comme il est dit précédemment.

Cours supérieur. — *Exercices oraux.* — Continuation des exercices du cours moyen. — Notions très sommaires d'étymologie : étude des principales racines tirées du grec et du latin ; mots historiques ; onomatopées. — Étude générale de la formation des mots par dérivation et par composition : noms, adjectifs, verbes, adverbes ; étude des principaux suffixes ; diminutifs, péjoratifs, fréquentatifs. — Étude des principaux préfixes d'origine latine et d'origine grecque. — Familles de mots. — Homonymes et paronymes. — Synonymes à racines identiques et à racines différentes. — Doublets les plus usités : noms, adjectifs, verbes. — Sens propre et sens figurés des mots étudiés. — Phrases comme précédemment. — Idée sommaire des variations de l'orthographe, de la prononciation et du sens des mots.

Exercices écrits. — Continuation des exercices du cours moyen. — Familles de mots. — Homonymes et paronymes. — Synonymes. — Doublets.

LE DESSIN PERSPECTIF

L'instruction primaire, à tous les degrés, comprend l'enseignement du dessin et particulièrement celui du dessin perspectif. Nous trouvons en effet, indiquée dans les programmes des écoles normales, des écoles primaires supérieures et des écoles primaires élémentaires, *la représentation perspective de solides géométriques, d'objets usuels, de fragments d'architecture, etc.*

Dans les écoles normales, cette partie des programmes est généralement bien interprétée et les résultats qu'elle donne sont très satisfaisants ; dans les écoles primaires supérieures, les progrès, quoique plus modestes, sont réels, parfois même très sérieux ; mais il faut avouer que ce genre de représentation des corps, tel qu'il doit être mis en pratique, est encore peu connu dans les écoles primaires élémentaires.

Il est vrai de dire que le dessin d'après le relief n'est pas depuis bien longtemps en honneur dans les écoles normales et que, pour cette raison, les instituteurs n'ont été, jusqu'à ces dernières années, que fort médiocrement préparés à cet enseignement.

Aussi avons-nous pensé que des conseils, des directions simples, mis à la portée de tous les maîtres, pourraient aider à combler une lacune regrettable, ou tout au moins, à perfectionner les méthodes et les procédés en usage.

Nous dirons d'abord qu'on ne doit point entendre ici par perspective d'une figure une épure résultant de constructions géométriques obtenues à l'aide d'instruments de précision; il s'agit de la représentation de la figure, d'après des données généralement fournies par l'expérience, d'un dessin dont l'exécution, à main levée, beaucoup plus rapide que par les procédés rigoureux, atteint cependant sous un œil et des doigts exercés, un degré de fini qui n'a rien à envier à l'exactitude mathématique. De là le nom de *perspective immédiate* ou *d'observation* donné à cette manière de représenter les objets.

Il en est de cet art comme de tous les autres ; avant d'aborder l'étude d'un sujet arbitrairement choisi, il faut avoir acquis au préalable un certain nombre de principes fondamentaux et s'être familiarisé avec quelques exercices préliminaires auxquels se réduit, par l'analyse, tout tracé perspectif.

Ces principes devront être tirés de l'observation directe et les premiers à établir sont les suivants :

Les objets nous apparaissent généralement déformés.

De deux corps semblables et d'égales dimensions, le plus éloigné paraît plus petit que l'autre.

On vérifiera ce double phénomène de déformation et de rapetissement en se plaçant à l'entrée d'une allée d'arbres ou d'un tunnel.

Dans une allée, en effet, on observera que

les arbres de même taille et séparés par des intervalles égaux apparaissent de plus en plus petits et de plus en plus serrés à mesure que le regard se porte vers l'horizon.

Sous un tunnel, on remarquera que la chaussée, dont la largeur est pourtant uniforme, semble se rétrécir dans les parties qui vont en s'éloignant de l'observateur et que l'ouverture opposée à celle que l'on occupe paraît d'autant plus petite qu'on en est séparé par une distance plus grande.

En classe, on offrira aux élèves un phénomène du même genre au moyen d'une longue règle, divisée en parties égales, qui leur sera présentée obliquement dans une direction horizontale.

Ces faits établis, on rappellera que les corps sont limités par des faces planes ou arrondies qui se coupent sous des lignes droites ou courbes, lesquelles donnent à leur tour des points par leurs intersections ; dès lors les recherches devront porter nécessairement sur les apparences que présentent ces éléments géométriques et l'on considérera successivement le point, la droite prise seule et dans les diverses positions qu'elle peut occuper, les droites parallèles, etc.

Il est de toute évidence qu'en regardant un point, sous quelque aspect que ce soit, comme il est sans dimensions, il ne peut nous apparaître avec une longueur, une largeur ou une épaisseur. La conclusion sera donc la suivante:

La perspective d'un point est un point.

La nature de la perspective d'une droite quelconque sera déterminée pour chaque observateur, en plaçant entre la droite et l'œil *(point de vue)* un châssis vertical dans lequel on aura fixé une lame de verre ou une toile métallique, ou bien encore un morceau de mousseline très claire *(perspectographe)* : on marquera sur cette surface transparente deux points qui se projetteront, pour l'observateur, sur la droite; on les joindra par un trait rectiligne et l'on fera remarquer que la droite de l'espace et celle du châssis, qui sera la perspective de la première, coïncident dans toute leur étendue. Le fait sera traduit ainsi :

La perspective d'une droite est une droite.

Ce châssis représentera le plan vertical, parallèle à la ligne des yeux de l'observateur, sur lequel on suppose dessinée l'apparence de l'objet à reproduire ; on le désigne sous le nom de *tableau*.

En donnant ensuite à la droite les différentes positions qu'elle peut occuper dans l'espace et relativement au tableau, on formulera successivement les quelques principes qui suivent et qui se rapportent à des cas particuliers très importants :

La perspective d'une droite verticale est verticale;

Celle d'une droite horizontale parallèle au tableau est horizontale;

Celle d'une droite horizontale oblique au tableau est inclinée, à moins que la droite ne se trouve dans le plan horizontal qui passe par l'œil de l'observateur (plan d'horizon) : dans ce cas, la perspective est encore horizontale et elle se projette sur l'intersection du tableau et du plan d'horizon, qui est la ligne d'horizon ;

Si la droite horizontale oblique au tableau est en dehors du plan d'horizon, la droite inclinée qui en est la perspective se rapproche de ce plan, et partant de la ligne d'horizon, dans les parties qui s'éloignent de l'observateur ;

La perspective d'une droite perpendiculaire au tableau et située en dehors du plan d'horizon est également une oblique dont le prolongement passe par le pied de la perpendiculaire menée de l'œil de l'observateur sur le tableau (point de fuite principal situé sur la ligne d'horizon) ;

Enfin la perspective de toute droite qui passe par l'œil de l'observateur est un point.

La vérification de ces principes pourra généralement se faire au moyen d'une longue règle que le maître présentera aux élèves en lui donnant les différentes directions que nous venons de passer en revue. De leur côté, les élèves, pour apprécier l'inclinaison apparente de ces directions, se serviront de leur crayon qu'ils tiendront horizontalement et parallèlement au tableau, de manière qu'un même rayon visuel rencontre à la fois le crayon et l'une des extrémités de la règle. Dans certains cas, il sera utile d'avoir recours au perspectographe.

Si le maître veut se donner la satisfaction de démontrer mathématiquement, aux plus avancés de ses élèves, les lois de la perspective, après en avoir fait la vérification expérimentale, il y parviendra en faisant appel à ses connaissances de géométrie élémentaire. La perspective linéaire d'un corps sera l'intersection du tableau et d'une surface conique, dite projetante, qu'engendre une droite mobile passant par l'œil de l'observateur et s'appuyant successivement sur le contour apparent et les lignes visibles du corps. Il tirera facilement de là ces conclusions :

1° La perspective d'un point est l'intersection du tableau et de cette droite mobile dans une de ses positions *(droite projetante)*, c'est-à-dire l'intersection d'une droite et d'un plan : *un point ;*

2° La perspective d'une droite est l'intersection du tableau et d'un plan conduit par la droite et l'œil *(plan projetant)*, en d'autres termes, l'intersection de deux plans : *une droite* ;

3° Si la droite est verticale, le plan projetant est aussi vertical et son intersection avec le tableau, ou la perspective de cette droite, est une *verticale* ;

4° Si la droite est horizontale et de front, le plan projetant coupe le tableau suivant une parallèle à la ligne d'horizon, autrement dit suivant *une horizontale* ;

5° Si la droite horizontale est oblique au tableau et située au-dessus ou au-dessous du plan d'horizon, le plan projetant devient quelconque et coupe le tableau suivant *une oblique* à la ligne d'horizon ; mais, si la droite est dans le plan d'horizon, celui-ci se confond avec le plan projetant, dont l'intersection avec le tableau est alors la *ligne d'horizon* ;

6° Si la droite est perpendiculaire au tableau et située hors du plan d'horizon, le plan projetant contient la perpendiculaire menée de l'œil au tableau ; son intersection avec ce dernier plan est dès lors *une oblique* à la ligne d'horizon, qui passe nécessairement par le point de fuite principal et qui se réduit à ce dernier point, lorsque la droite dont elle est la perspective rencontre l'œil de l'observateur ;

7° Enfin, si la droite, quelle que soit sa direction, passe par l'œil de l'observateur, le plan projetant se réduit à une droite dont l'intersection avec le tableau est *un point*.

Après avoir établi ces principes, qui ont pour objet la perspective d'une droite isolée, prise dans ses différentes positions par rapport au tableau, au plan d'horizon et à l'observateur, on s'occupera de la perspective des droites parallèles et l'on reconnaîtra, en observant ce que nous offrent à cet égard les constructions qui nous entourent, que *la perspective de droites parallèles entre elles est généralement un ensemble de droites qui concourent en un même point* et que l'on appelle pour cela des *fuyantes*.

C'est, en effet, l'image que nous donneront les bords d'une allée rectiligne, les rails d'une voie ferrée, les bords supérieur et inférieur d'un mur de hauteur constante, etc. On fera remarquer que ce point de concours, qui est aussi un point de fuite, peut occuper sur le tableau une position quelconque dépendant de la direction des parallèles par rapport au tableau et au plan d'horizon, et l'on dira qu'il prend, pour ce motif et pour n'être pas confondu avec le point de fuite principal, dont la position est fixe comme celle de l'œil de l'observateur, le nom de *point de fuite secondaire ou accidentel.*

On pourra donner une démonstration rigoureuse de cette dernière proposition, en considérant que les plans projetants, qui ont un point commun, l'œil de l'observateur, se coupent suivant une droite dont la trace sur le tableau est commune aux traces des plans projetants, c'est-à-dire aux perspectives des droites parallèles, et en est ainsi le point de fuite secondaire. Il sera nécessaire de dire que ce raisonnement suppose les parallèles considérées obliques au tableau, et l'on ajoutera que, si elles lui étaient parallèles, il en serait de même de l'intersection des plans projetants, par suite que les perspectives de ces droites n'auraient pas de point commun et deviendraient parallèles entre elles.

De cette dernière conclusion, on tirera les conséquences suivantes :

Deux droites parallèles de front ont pour perspectives deux droites parallèles entre elles ;

Deux droites parallèles verticales ont pour perspectives deux droites parallèles verticales.

Examinant ensuite quelques autres directions particulières que peuvent avoir dans l'espace des droites parallèles, il sera facile de formuler les deux propositions qui suivent :

Deux droites parallèles perpendiculaires au tableau ont pour perspectives deux droites qui se coupent au point de fuite principal ;

Deux droites parallèles horizontales, mais obliques au tableau, ont pour perspectives deux droites qui concourent en un même point de la ligne d'horizon.

En effet, il suffira de dire, pour la première, que la perspective d'une perpendiculaire au tableau passant par le point de fuite principal, les deux perspectives se rencontrent en ce point; pour la seconde, le maître fera intervenir une parallèle aux droites en question, menée par l'œil de l'observateur, et rappellera que les perspectives de ces trois droites doivent se rencontrer en un même point, par conséquent sur la ligne d'horizon qui est la perspective de l'une de ces droites, celle de la troisième.

Pour clore cette liste des premiers principes, on établira que *toute figure plane parallèle au tableau reste semblable à elle-même en perspective*, et pour cela on fera observer que dans les apparences présentées par la figure, il n'y a rien de changé dans le rapport des côtés et la valeur des angles; mais, si l'on veut donner de cette proposition une démonstration mathématique aux élèves qui pourront la comprendre, il suffira de faire remarquer que la figure et sa perspective sont des sections planes faites par des plans parallèles dans la surface projetante — pyramidale ou conique — de cette figure, et qu'il est établi que de telles sections sont des figures semblables.

Ces données générales étant posées et les élèves ayant pris l'habitude d'évaluer, au moyen de leur crayon, le rapport de deux distances réelles ou apparentes, ainsi que la pente d'une droite, on abordera l'exécution des tracés perspectifs, en commençant par les plus élémentaires, pour arriver graduellement, de difficultés en difficultés, à la reproduction des reliefs de toute nature.

Mais avant toute autre chose, sur la feuille de papier qui devra recevoir, en son milieu autant que possible, la reproduction de l'objet, *on tracera la ligne d'horizon, en y indiquant le point de fuite principal*, chaque fois que cette ligne et ce point ne se trouveront pas en dehors des limites du papier.

La position de la ligne d'horizon sur la feuille de dessin dépendra nécessairement de celle de l'objet par rapport au plan d'horizon. Elle sera au milieu, dans la partie supérieure ou dans la partie inférieure et plus ou moins près des bords, suivant que l'objet sera coupé par le plan d'horizon en deux parties à peu près égales en hauteur, qu'il sera tout entier ou en grande partie au-dessous de ce plan, ou bien tout entier ou en grande partie au-dessus.

Quant au point de fuite principal, il sera déterminé par la situation qu'occupera, par rapport à l'objet, la perpendiculaire au tableau menée par l'œil du dessinateur. Suivant que l'objet sera à droite ou à gauche de cette perpendiculaire, le point de fuite principal occupera la gauche ou la droite de la ligne d'horizon; si cette perpendiculaire traverse l'objet à peu près en son milieu en largeur, le point de fuite principal occupera le centre de la ligne d'horizon.

Après ces tracés préparatoires, voici les principaux exercices que le maître devra faire exécuter.

Perspective d'un point. — On choisira comme point l'extrémité d'une ligne, le sommet d'un angle solide, un point fait à la craie au tableau noir, etc., et la perspective en sera obtenue en imaginant une verticale menée de ce point au plan d'horizon, et en appréciant le rapport entre la longueur de cette verticale et la distance de son pied à la perpendiculaire au tableau qui aura servi à déterminer le point de fuite principal. La construction sur le papier, en partant du point de fuite principal, d'une figure semblable à celle qui résulte des deux longueurs comparées donnera la perspective cherchée.

On aura soin de montrer, sur cet exercice et les deux ou trois qui suivent, que les dimensions d'un dessin dépendront toujours d'une première longueur adoptée arbitrairement pour représenter une des droites de l'espace qui appartiennent à l'objet ou font partie des constructions auxiliaires.

Perspective d'une droite limitée. — On déterminera successivement, pour les représenter dans le même ordre, d'abord la perspective de l'une des extrémités de cette portion de droite, puis la pente et la longueur apparentes de la droite. Pour évaluer cette longueur, on la comparera à l'une des lignes déjà construites; par exemple, à la verticale menée d'un point de la droite au plan d'horizon.

Perspective d'un angle. — Cette question, revenant à la détermination de la perspective d'un point et de deux droites, sera résolue par l'application des constructions dont il vient d'être parlé.

Perspective d'un carré. — Construit en carton, en bois, ou de préférence en fil de fer, le carré sera disposé verticalement pour commencer, et présenté d'abord de front, puis obliquement au tableau; ensuite, on lui donnera la position horizontale. Il suffira, pour en obtenir la représentation perspective sous ces différents aspects, d'appliquer à ses éléments les constructions relatives au point, à la droite et à l'angle, en se servant toutefois, pour simplifier l'exécution du dessin, des connaissances précédemment acquises sur la perspective des droites verticales, des droites horizontales parallèles, de front ou obliques au tableau.

Perspective d'une figure plane polygonale. — On représentera successivement les sommets, les angles et les côtés du polygone, en profitant, dans un but d'exécution plus simple et partant plus rapide, de tout ce que la figure offrira de particulier, tel que droites de front, droites verticales, côtés parallèles, etc.

Perspective d'un cercle. — Le cercle présenté aux élèves sera d'abord inscrit dans un polygone régulier d'un nombre pair de côtés, dont les diagonales fourniront par leur intersection commune la perspective du centre. La courbe à construire sera particulièrement déterminée par les intersections et les contacts du cercle avec les diagonales et les côtés du polygone.

Pour un cercle isolé, le dessinateur imaginera une ligne polygonale circonscrite et procèdera comme il vient d'être dit.

Nous terminerons ici l'examen de ces premiers exercices, persuadé que les élèves qui les auront compris et exécutés, surtout si le maître en a varié les données et les a fait suivre au besoin d'exercices analogues ou dérivés, seront à même d'entreprendre avec succès la représentation des solides géométriques : du cube, du prisme quelconque et de la pyramide qui résultent de combinaisons de figures planes, puis du cylindre et du cône qui dérivent respectivement du prisme et de la pyramide, enfin, des objets usuels et autres reliefs indiqués aux programmes, parce qu'ils peuvent être considérés généralement comme des assemblages de solides géométriques simples.

LES RÈGLES MNÉMONIQUES

Que ce titre, sous lequel nous voulons donner quelques renseignements utiles aux maîtres de nos écoles, ne scandalise personne, et que le lecteur soit rassuré dès les premières lignes sur notre but en écrivant cet article.

Les procédés plus ou moins ingénieux employés jadis à propos de tout, au mépris du bon sens, de la réflexion, du jugement, sous prétexte de soulager et de fortifier la mémoire, sont à jamais condamnés en matière d'instruction et il ne viendrait à l'idée d'aucun éducateur de vouloir faire revivre de baroques formules en vers rimés ou rythmés pour apprendre la chimie, l'histoire ou la géométrie.

Il ne s'agit donc pas de nous occuper ici

de ces procédés, si ce n'est pour dire qu'ils appartiennent définitivement au passé.

Le devoir de celui qui enseigne est en effet de tout expliquer dans la plus large mesure, de chercher dans les seuls procédés rationnels les liens naturels qui doivent unir entre elles les différentes parties d'un tout, en faisant ressortir l'analogie ou le parallélisme des unes, en même temps que la dépendance des autres.

Mais il existe dans le domaine scientifique certains faits, tirés pour la plupart de l'observation, qui se traduisent par des séries de nombres n'ayant aucune relation mathématique entre eux, dès lors qu'aucune expression algébrique ne peut donner et qu'il est parfois difficile d'apprendre et de retenir.

Pour suppléer au manque de formule génératrice et faciliter les opérations de la mémoire, on a recours à des règles généralement fort simples, qui établissent des liens artificiels entre les nombres de chaque série.

Dans ce qui suit, nous en exposons quelques-unes parmi les plus élémentaires.

Nombres relatifs des vibrations des notes de la gamme. — Chacun sait que le son résulte des vibrations de certains corps et que la hauteur d'un son dépend exclusivement du nombre de vibrations exécutées pendant une unité déterminée de temps.

Dans leurs recherches en vue d'établir, pour chaque note de la gamme naturelle, le rapport du nombre des vibrations qui la produit à celui qui donne la tonique, — les deux se rapportant à une même durée, — les physiciens ont trouvé, dans l'intervalle d'une octave, la série suivante :

Do	*ré*	*mi*	*fa*	*sol*	*la*	*si*	*do*
1	$\frac{9}{8}$	$\frac{5}{4}$	$\frac{4}{3}$	$\frac{3}{2}$	$\frac{5}{3}$	$\frac{15}{8}$	2

Si l'on multiplie chacun de ces nombres par un autre aussi petit que possible, mais choisi de manière que par la simplification toutes les expressions fractionnaires soient transformées en des nombres entiers, — ce plus petit multiplicateur est ici 24, — on obtiendra la série plus simple :

24 27 30 32 36 40 45 48

Or, ces derniers nombres présentent cette particularité, — le premier, 24, étant mis à part, — que les deux suivants, 27 et 30, sont, dans la suite naturelle des nombres entiers, les deux premiers multiples de 3 que l'on rencontre après 24 ; que 32 et 36 qui viennent à la suite, sont les deux premiers multiples de 4 au delà de 30 ; 40 et 45, les deux premiers multiples de 5 pris à la suite de 36 ; et 48, le premier multiple de 6 qui suit 45.

De là, la règle mnémonique suivante pour avoir la série qui nous a servi de point de départ :

1° Poser d'abord le nombre 24, puis écrire à sa droite, en les prenant immédiatement après 24 et successivement dans l'ordre croissant des nombres entiers, les deux premiers multiples de 3, les deux premiers multiples de 4, les deux premiers multiples de 5 et le premier multiple de 6;

2° Diviser chacun de ces nombres par le premier 24 et simplifier les rapports obtenus.

Cette règle, je crois l'avoir formulée le premier lorsque je professais les sciences physiques dans l'enseignement secondaire.

Distances relatives des planètes au soleil. — Les astres qui gravitent autour du soleil et qu'on appelle des planètes, — le nom d'étoile étant réservé aux astres fixes, — se comptent aujourd'hui par centaines.

Dans le nombre, il en est huit, beaucoup plus volumineux que les autres, pour la plupart visibles à l'œil nu, que l'on désigne sous le nom de planètes principales. Ce sont, dans l'ordre croissant de leurs distances au soleil : *Mercure, Vénus, la Terre, Mars, Jupiter, Saturne, Uranus* et *Neptune.*

Tous les autres, planètes télescopiques ou petites planètes, exécutent leur révolution dans la partie du monde solaire comprise entre Mars et Jupiter.

Depuis longtemps on est parvenu à calculer la distance au soleil de tous ces astres, pour l'une quelconque de leurs positions sur les courbes elliptiques qu'ils décrivent dans l'espace et dont le soleil occupe un des foyers.

Mais comme cette distance varie, à cause de la forme de ces orbites, d'un instant à l'autre dans le cours d'une révolution entière, on fait généralement usage, pour chaque planète, en dehors des calculs astronomiques, de sa distance moyenne au soleil, que l'on exprime très simplement en prenant comme unité de mesure ou terme de comparaison celle de la terre, qui est de 37 000 000 de lieues environ ; les autres sont alors représentées approximativement, celle de Mercure, par la fraction décimale 0,4 ; celle de Vénus, par 0,7 ; celle de

Mars, par 1,6 ; celle de Jupiter, par 5,2 ; celle de Saturne, par 10 ; celle d'Uranus, par 19,6 et celle de Neptune, par 30.

Avant la découverte, en 1846, de cette dernière planète par Leverrier, l'astronome Titius s'était appliqué à chercher une formule, une loi mathématique qui pût contenir tous ces nombres. Ses efforts n'ayant pas été couronnés de succès, il s'arrêta à la règle mnémonique suivante, injustement attribuée à Bode :

Si l'on écrit, sur une même ligne horizontale, d'abord le chiffre 0, puis les sept premiers termes d'une progression géométrique dont le premier est 3 et la raison 2, on a la série :

0 3 6 12 24 48 96 192 ;

en ajoutant 4 unités à chacun de ses termes, on obtient cette autre :

4 7 10 16 28 52 100 196 ;

et en divisant successivement tous ces nombres par 10, on arrive à la série :

0,4 0,7 1 1,6 2,8 5,2 10 19,6

qui donne ainsi, et dans l'ordre croissant de ses termes, — le nombre 2,8 étant mis à part, — les distances relatives moyennes au soleil des sept premières planètes principales.

Le nombre 2,8 représente à peu près la distance relative moyenne au soleil des planètes télescopiques dont la découverte, postérieure aux recherches de Titius, se poursuit encore à l'heure présente.

En prolongeant la série d'un terme, c'est-à-dire en prenant le double de 192 augmenté de 4 puis divisé par 10, pour voir si la loi de Titius s'applique à Neptune, celle des planètes connues la plus éloignée du Soleil, on obtient le nombre 38,8 supérieur de 8,8 à la distance réelle qui est de 30 environ, ainsi que nous l'avons déjà dit.

La loi de Titius, exacte pour toutes les autres planètes principales, cesse donc de l'être pour la huitième. Elle n'en est pas moins très curieuse et utile à connaître.

Nombre de jours de chaque mois de l'année. — Pour avoir le nombre de jours que comprend chaque mois de l'année, voici un quatrain dû à l'abbé Nollet, physicien du siècle dernier :

Trente jours ont novembre,
Avril, juin et septembre ;
De vingt-huit il en est un ;
Tous les autres ont trente-un.

Les couleurs du spectre solaire. — Comme on le voit, la règle mnémonique se traduit parfois en vers. C'est ainsi que l'ordre naturel des sept couleurs principales du spectre solaire en commençant par la plus réfrangible, s'apprend et se retient très facilement par l'alexandrin suivant formé des seuls noms de ces couleurs :

Violet, indigo, bleu, vert, jaune, orangé, rouge.

Aspect général de la surface de la terre. — Enfin, voici un moyen très ingénieux pour se rappeler aisément la répartition générale des terres et des mers à la surface de notre globe, ainsi que la forme qu'y affectent les continents et les océans.

L'examen d'un globe terrestre ou d'une mappemonde conduit aux remarques suivantes :

Les terres sont concentrées dans la zone tempérée de l'hémisphère boréal et sont rares dans l'hémisphère austral ;

Elles forment trois massifs principaux comprenant, l'un, les deux Amériques, un second, l'Europe et l'Afrique, et le troisième, l'Asie et l'Australie ;

Chacun des massifs s'étale largement dans l'hémisphère boréal, se termine en pointe vers le Sud et se trouve limité à l'Est et à l'Ouest par deux dépressions océaniques, très dilatées dans l'hémisphère austral et terminées en pointe vers le Nord : le Pacifique sépare en effet l'Asie et l'Australie des deux Amériques; l'Atlantique sépare les Amériques de l'Europe et de l'Afrique; et, entre ce dernier massif et l'Asie complétée par l'Australie, se trouve l'Océan Indien, auquel font suite, dans la direction du Nord, le golfe Persique et la bande de terres basses qui s'étend à travers la Sibérie occidentale, le long de l'Oural;

A une saillie continentale correspond généralement aux antipodes une dépression océanique et *vice versa*;

Tout autour du globe, dans la direction Est-Ouest, il existe une dépression qui traverse chaque massif continental et le divise en deux parties bien distinctes, sinon complètement détachées l'une de l'autre dans les trois massifs: les deux Amériques ont entre elles la mer des Antilles; l'Europe et l'Afrique, la mer Méditerranée; l'Asie et l'Australie, la dépression Persique et celle des Indes Orientales;

Enfin, dans chacun de ces trois massifs de continents, la partie située au Sud de la zone de dépression est rejetée vers l'Est par rapport à celle qui en occupe le Nord: l'Amérique du Sud est fortement à l'Est de l'Amérique du Nord ; il en est de même de l'Afrique par rapport à l'Europe, et de l'Australie par rapport à l'Asie.

Pour grouper ces faits dans une formule et les rattacher à une cause commune, M. Lowthian Green a eu recours au procédé suivant qui constitue en géologie l'*hypothèse tétraédrique.*

Si l'on imagine, placé dans une sphère qui représente le globe terrestre, un tétraèdre régulier dont le centre coïncide avec celui de la sphère, mais dont les quatre sommets émergent un peu au-dessus de la surface sphérique, de façon que l'un d'eux soit placé au pôle austral, cette dernière émergence représentera les terres australes, tandis que les trois autres correspondront, dans l'hémisphère boréal, aux trois masses continentales. De plus, les intersections du tétraèdre avec la surface de la sphère donneront une distribution géographique analogue à celle que nous avons remarquée sur le globe terrestre : continents septentrionaux largement développés au Nord et se terminant en pointe vers le Sud ; disposition inverse pour les océans.

Si l'on admet ensuite que l'enveloppe terrestre ait eu à l'origine la forme d'une sphère et se soit rapproché ultérieurement de celle du tétraèdre, les premières conséquences à déduire sont les suivantes :

1° Pour la partie solide de cette enveloppe, un aplatissement au pôle Nord et un allongement vers le pôle Sud ;

2° Pour les parties moyennes de l'hémisphère boréal, un éloignement de l'axe terrestre accompagné d'une augmentation de leurs saillies ;

3° Pour les parties australes, un rapprochement de cet axe.

Enfin, si l'on considère que la terre est animée d'un mouvement de rotation de l'Ouest à l'Est et que les parties qui se sont éloignées de l'axe, comme celles qui s'en sont rapprochées, ont dû conserver leurs mêmes vitesses linéaires initiales, les premières se sont ainsi trouvées ralenties par rapport aux autres après la déformation et il devait en résulter :

4° Une torsion qui a produit une ligne de rupture dans le sens de la rotation et séparé chaque continent en deux parties;

5° Un déplacement vers l'Est de celle de ces deux parties qui se trouvait ainsi animée de la plus grande vitesse, c'est-à-dire de la partie australe.

Tel est l'ensemble des conséquences de l'hypothèse tétraédrique.

Les grands traits de la géographie physique de notre globe s'y trouvent, comme on le voit, fidèlement représentés ; aussi l'idée très simple de M. Green est-elle un précieux moyen mnémonique pour les classer dans l'esprit.

L'ENSEIGNEMENT PAR L'ASPECT

Parmi les questions à l'ordre du jour, dans le monde pédagogique comme dans tous les milieux où l'on s'occupe de l'éducation populaire, celle de l'enseignement par l'aspect tient à juste titre une des bonnes places. La raison en est qu'on la considère comme inséparable de la plupart de nos enseignements à l'école primaire, du complément d'instruction à donner aux adolescents, et surtout de toute organisation sérieuse et complète de conférences publiques.

Qu'est-ce, à vrai dire, et dans toute l'étendue de l'expression, que l'enseignement par l'aspect? Quels sont les avantages qu'on peut en retirer? Sous quelles formes diverses se présente-t-il? A quelles matières d'enseignement convient-il le mieux? Comment et dans quelles mesures peut-on y avoir recours pour l'éducation des jeunes enfants et pour le perfectionnement de celle des adultes ?

Autant de questions auxquelles nous voudrions essayer de répondre.

L'enseignement par l'aspect, dans une leçon ou une explication, dans la description d'un fait ou d'un paysage, d'un mécanisme ou d'un monument, etc., consiste à mettre ceux auxquels on s'adresse en présence de la chose réelle ou figurée dont on leur parle, à prendre le sens de la vue comme auxiliaire pour faire pénétrer dans l'esprit, avec plus d'intensité et de lumière, les idées qu'on veut y asseoir. En d'autres termes, ce moyen de démonstration a pour but d'ajouter au langage parlé, qui s'adresse à l'ouïe, un langage écrit qui va aux yeux et contribue puissamment à fixer l'attention.

On conçoit qu'un tel procédé d'éducation s'impose à tous ceux qui font profession d'instruire, car aucun autre n'apporte plus de clarté aux intelligences jeunes ou peu développées, partant plus de persuasion et de conviction, sans compter qu'il distrait et attire en instruisant.

C'est ce qu'ont parfaitement compris les éditeurs de nos petits livres primaires au lendemain de la rénovation de l'école, de ses programmes et de ses méthodes, en illustrant à l'envi leurs ouvrages de lecture, d'histoire, de géographie, de sciences, de morale, voire même de grammaire ; en créant l'image-récompense et en multipliant les collections de tableaux muraux pour l'enseignement de l'histoire et des sciences naturelles. Les constructeurs de matériel nous avaient déjà donné des bouliers-compteurs, des compendiums métriques ; les naturalistes nous ont offert à leur tour des collections animales, végétales et minérales ; les physiciens et les chimistes ont vulgarisé leurs expériences et indiqué la confection d'appareils très simples ; des musées scolaires se sont constitués de toutes parts ; on a créé des champs agricoles d'expériences et de démonstration ; on a organisé aussi nombreuses que le comporte chaque région des excursions scientifiques, des visites de monuments, de collections artistiques, de fermes, d'usines, etc. ; enfin, la photographie travaille plus que jamais, depuis quelque temps, à préparer des vues de tout genre, destinées à être projetées à distance, agrandies et bien éclairées, au moyen d'appareils spéciaux.

Ainsi, l'image du livre et l'image en bons points, la planche murale, — et à son défaut le dessin au tableau noir ou préparé d'avance sur feuilles de carton ou de papier, — les projections lumineuses, les collections d'objets, la reproduction artificielle des phénomènes de la nature, les promenades scientifiques, industrielles, commerciales, agricoles et artistiques, sont autant de modes divers de l'enseignement par l'aspect.

Mais tous ces procédés, qui ont pour objet de vivifier la leçon, la causerie ou la conférence, n'ont pas une égale valeur, ne s'appliquent pas indifféremment à toutes les matières d'éducation, pas plus qu'ils ne conviennent à tous les milieux.

L'image sous toutes ses formes et, par suite, les projections lumineuses sont tout indiquées pour l'enseignement de l'histoire, de la géographie, de la géologie et de la cosmographie, où il s'agit de faire connaître l'univers, en particulier la terre et l'humanité dans le temps comme dans l'espace, parce qu'elles permettent de placer l'auditoire devant les êtres et les paysages disparus, de le mettre en rapport avec l'homme de tous les âges et de tous les pays, de le promener à la surface du globe, de le faire voyager jusque dans les sphères où gravitent les corps célestes, pour le rendre témoin de leur aspect et de leurs admirables mouvements, de lui faire contempler les grandes beautés de la nature en même temps que les œuvres principales de l'homme.

Si les sciences naturelles trouvent aussi une auxiliaire précieuse dans l'image, les projections lumineuses sont indispensables pour montrer, par le grossissement des objets ou de leur représentation, les infiniment petits de toute sorte, c'est-à-dire les êtres ou les organismes invisibles à l'œil nu, microbes de tout genre ou éléments constitutifs des animaux et des végétaux ; elles conviennent encore pour la vulgarisation de certaines expériences agricoles, pour la connaissance intérieure d'ateliers industriels, d'installations commerciales, d'exploitations rurales, qu'on ne peut visiter ; il n'est pas jusqu'à l'éducation morale qui ne puisse tirer profit de ce procédé d'instruction, par la vue et l'examen des chefs-d'œuvre de l'art pris dans la peinture, la sculpture et l'architecture, comme par l'exhibition de tableaux représentant des actes de dévouement et de patriotisme, des intérieurs heureux à côté de scènes de navrante tristesse provoquées par la paresse, l'ivrognerie et autres vices dégradants.

Le dessin au tableau noir ou sur feuilles spéciales doit remplacer tout mode meilleur d'illustration des leçons quand on ne peut y recourir. Tous nos maîtres savent aujourd'hui dessiner et il n'en est pas un qui, en s'aidant au besoin des figures d'un livre, ne puisse tracer une carte de géographie ou les principales lignes d'un monument, représenter un appareil de physique ou de chimie, un organe de machine, les parties constitutives d'une plante ou d'un animal, etc.

L'enseignement des sciences physiques réclame l'appui de nombreuses expériences, qui doivent être très simples et réalisées avec des appareils eux-mêmes aussi simples que possible, construits au besoin par le maître.

Aux sciences naturelles et à l'agriculture conviennent spécialement les collections, que l'on compose d'échantillons provenant de chacun des trois règnes, et qui comprennent en particulier tout ce que la contrée peut fournir comme insectes, plantes, roches, minéraux, fossiles, etc. Mais ces collections, fonds essentiel des musées scolaires, veulent être complétées par des produits des diverses industries de l'habitation, du vêtement, de l'alimontation, etc. Et tous ces objets, naturels ou fabriqués, sont destinés à passer de main en main sous les yeux des auditeurs.

Quant aux excursions, leur utilité est incontestable pour parfaire des leçons ou des entretiens sur l'histoire, par la description sur place de monuments et de lieux historiques ; sur la géographie, par la vue même des grands accidents du sol, montagnes, vallées, rivières, lacs, mers, etc. ; sur l'histoire naturelle, par la recherche et la récolte d'échantillons entomologiques, botaniques et géologiques, et par la contemplation des grands phénomènes de la nature qui transforment la surface terrestre ou en sont des modifications ; sur l'agriculture, par des promenades dans des fermes-modèles, aux champs d'expériences ou de démonstration ; sur l'art, l'industrie et le commerce, par des visites dans les musées, les ateliers, les fabriques, les grands magasins, etc.

A l'école, on peut se servir de tous ces modes de l'enseignement par l'aspect, tantôt de l'un, tantôt de l'autre, et même, parfois, de plusieurs concurremment; il n'en est aucun qui ne convienne pour l'instruction et l'éducation de nos enfants, aucun par conséquent qu'il faille éliminer ou négliger.

Quant au « lendemain de l'école », comprenant des cours de perfectionnement ou des conférences qui s'adressent aux adolescents et aux adultes, tous ces procédés peuvent y trouver aussi leur place, mais ce sont particulièrement les projections lumineuses qui doivent y être utilisées, parce qu'elles ont le pouvoir de montrer à toute une salle et à toutes les distances les plus petits détails des choses, qu'elles permettent d'agrandir à volonté ces détails, qu'elles semblent donner ainsi de la vie aux sujets représentés, et que, de la sorte, elles intéressent, attirent et captivent d'une manière tout exceptionnelle.

A tous égards, les projections lumineuses sont des plus recommandables auprès des maîtres et des conférenciers. Aussi, le ministère de l'Instruction publique vient-il de faire déposer un appareil à projections avec des collections de vues, dans les bureaux de chaque Inspection académique, pour être mis à la disposition des instituteurs qui en feront la demande.

A ce dernier renseignement, nous croyons utile d'ajouter que la Ligue de l'enseignement, la Société nationale des conférences populaires, la Société havraise de l'enseignement par l'aspect, prêtent gratuitement des appareils et des vues avec les instructions nécessaires pour le maniement et le meilleur fonctionnement de ce matériel.

D'ailleurs, on peut se procurer un excellent appareil à projections pour une somme variant de 50 francs à 100 francs, et des vues à raison de 0 fr. 50 à 1 franc l'une, selon qu'elles sont ou non coloriées ; on trouverait même des vues, paraît-il, a 0 fr. 20.

Nous allions oublier de dire qu'un journal pédagogique, récemment fondé pour les adultes, donne en supplément des vues imprimées sur pellicules transparentes, destinées à être placées entre deux lames de verre, et dont le prix revient à très bon marché.

Pour nous résumer, les procédés de l'enseignement par l'aspect, aussi variés qu'utiles, sont tous à la portée des instituteurs qui n'ont ainsi que l'embarras du choix pour illustrer la plupart de leurs leçons. A eux, par conséquent, d'en user dans le très grand intérêt de leurs élèves; à eux, d'avoir recours aux projections lumineuses pour des séances scolaires, et surtout pour rendre vivantes et plus instructives leurs causeries et leurs conférences d'hiver aux adultes.

L'ENSEIGNEMENT ANTIALCOOLIQUE

Les trop justes préoccupations de l'opinion publique, au sujet des progrès effrayants de l'alcoolisme, ont provoqué l'institution, au ministère de l'Instruction publique, d'une commission chargée d'étudier les moyens éducatifs pour s'attaquer au mal, en enrayer d'abord la marche incessante et revenir ensuite progressivement à un meilleur état de santé morale et physique de la société.

On a lu, avec la lettre ministérielle qui l'accompagnait, le lumineux rapport que M. l'Inspecteur général Steeg a rédigé au nom de cette commission et nous aimons à croire que le personnel de nos écoles primaires, s'inspirant des indications et des conseils qu'il y a trouvés, a pris sans retard ses dispositions pour livrer le bon combat et répondre ainsi à l'attente générale.

Quoi qu'il en soit, aux réflexions et aux recommandations officielles, nous tenons à joindre les nôtres. Nous considérons, en effet, la question comme ayant une trop grande importance pour craindre d'y revenir ; au surplus, il y a toujours à dire sur de pareils sujets et si nous risquons de nous laisser aller à des répétitions, le résultat sera tout au moins celui d'avoir frappé à notre tour, pour la faire pénétrer plus avant dans les esprits, sur la nécessité pressante, impérieuse d'agir, et d'agir au plus tôt.

L'alcoolisme, pire que la peste et le choléra ligués ensemble, est peut-être actuellement le plus terrible fléau qui sévisse sur l'humanité.

Ses victimes, dont le nombre augmente dans une extraordinaire proportion, nous le montrent comme un danger social de plus en plus menaçant et redoutable. Et, fait inquiétant, rien n'en trahit les premières atteintes : d'un pas lent et léger, il va sans bruit, s'approche de nous à la sourdine, et par degrés envahit tout notre être pour y produire les plus horribles ravages.

Par ses propriétés éminemment toxiques, l'alcool, au point de vue physique, désorganise l'estomac, diminue les forces musculaires, amène l'amaigrissement et la phtisie, en un mot, altère profondément la santé et abrège l'existence; au point de vue intellectuel et moral, il affaiblit les facultés mentales, paralyse la volonté, provoque les hallucinations et l'hypocondrie, produit l'abêtissement, conduit à la démence et bien souvent au suicide. Et ces maux-là ne s'arrêtent pas dans leurs effets aux individus qu'ils atteignent directement, la famille et la société en supportent malheureusement à leur tour les tristes conséquences. Les déplorables habitudes de l'alcoolique en font en effet un paresseux et un violent, qui introduit dans son intérieur la misère, la mésintelligence, les querelles, le dégoût de la vie ; qui engendre des enfants chétifs, malingres, inintelligents, parfois épileptiques, souvent idiots et, comme lui, voués à l'abus des boissons ; qui travaille ainsi à l'accroissement des maladies, à l'augmentation de la mortalité, à la dégénérescence de la race, et qui, enfin, devenu fou furieux, se porte à tous les excès et ne recule devant aucun crime.

L'alcoolisme a des causes nombreuses. Channing les trouvait de son temps dans la faiblesse de la société vis-à-vis des intempérants ; dans la recherche par les excitants des forces à opposer à la lourde charge de labeurs et de peines qui repose sur les masses populaires ; dans une insuffisance, chez l'ouvrier, de développement intellectuel et moral, et par conséquent dans un défaut de dignité personnelle ; dans la sensualité générale ; dans un très grand besoin d'excitation et de stimulants énergiques. Nous retrouvons encore tout cela de nos jours, et nous y avons ajouté le triste tableau d'enfants qui prennent, par imitation ou par bravade, la fâcheuse habitude de boire pour la conserver toute leur vie ; nous avons aussi les désœuvrés, les inutiles, qui passent leur temps à s'empoisonner par le tabac et les boissons alcooliques, qui recherchent, dans leur lassitude précoce ou leur manque d'intérêt à la vie, cet anéantissement passager, l'étourdissement, pour n'avoir pas à compter les longues heures du jour.

Mais, en voilà suffisamment sur les causes et les conséquences du mal qui nous occupe ; passons aux remèdes qu'il comporte et qu'il nous sera peut-être plus facile d'entrevoir après ces considérations.

En dehors de l'action des pouvoirs publics, celle de l'instituteur doit s'exercer chaque jour par l'exemple d'abord, puis par son enseignement aux élèves de l'école primaire, aux jeunes gens surtout qui fréquentent les cours du soir.

Dans ses leçons comme dans son choix de devoirs, il doit saisir toutes les occasions de faire ressortir les maux divers qui nous viennent de l'abus de l'alcool, d'en faire la douloureuse peinture et d'y puiser les moyens d'inspirer l'horreur des liqueurs fortes. Pour cela, il aura particulièrement recours aux récits, malheureusement trop nombreux, qui fournissent les preuves irréfutables et navrantes des suites terribles de l'intempérance; à l'aide des chiffres, qui parlent si clairement aux yeux et frappent si vivement l'imagination, il montrera à ses auditeurs les progrès extraordinaires de la consommation de l'alcool, et il placera sous leurs yeux la statistique des morts accidentelles ou prématurées causées par l'ivrognerie, ainsi que celle des assassinats à mettre sur le compte des alcooliques.

Quand il leur parlera d'hygiène, il les entretiendra des propriétés toxiques des alcools, notamment de ceux que les falsifications permettent de livrer à bas prix dans le commerce; et pour bien établir ces propriétés, il fera connaître les expériences dans lesquelles on a étudié l'action de l'alcool sur certains animaux et qui ont démontré que la mort peut être déterminée par de très faibles quantités de ce liquide. Il en tirera cette conclusion, qu'en fait de boissons fermentées, c'est-à-dire qui contiennent de l'alcool à petites doses, il y a un choix à faire, et il ne faut en user qu'avec la plus grande sobriété, mais que l'intérêt individuel et l'intérêt public demandent qu'on s'abstienne rigoureusement de l'usage des alcools sous la forme d'eaux-de-vie, d'absinthes, d'amers, etc.

Dans ses leçons de morale, il exposera les déplorables habitudes de l'alcoolique; il peindra son affaissement physique, sa dégradation morale, la misère qui l'entoure, les maux qu'il attire sur les siens, les torts qu'il fait à la société, et la fin lamentable qui termine généralement une aussi triste existence.

Et pour prémunir ses élèves, petits et grands, contre toute tentation, contre l'oisiveté, mère de tous les vices, il s'efforcera de leur inspirer le goût du travail ; il les initiera au plaisir des saines lectures et aux jouissances de l'esprit; et s'il crée, comme on le lui recommande, une société de tempérance, il y trouvera une puissante auxiliaire qui viendra compléter ses efforts et qui, sentinelle vigilante, sera la gardienne et la protectrice de la santé du corps et de l'esprit, de la paix et du bien-être des familles.

LES PATRONAGES SCOLAIRES

Nous vivons à une époque dont on a dit et dont on continue de dire beaucoup de mal. A lire les critiques de quelques-uns, les lamentations de certains autres, et les prophéties d'un grand nombre, on est à se demander si la nature humaine n'est pas plus mauvaise qu'autrefois, si tout sentiment d'honnêteté et de générosité n'a pas cessé de vibrer en elle, et si l'on ne s'achemine pas vers un temps où se justifiera sans réserve, férocement, le mot du philosophe anglais : « l'homme est un loup pour l'homme ».

Eh bien, non ! malgré nos laideurs sociales, nous ne croyons pas, quant à nous, à cette perversité croissante ; nous pensons bien plutôt que nous marchons vers « cette humanité du lointain avenir qui n'aura qu'une religion, celle de l'amour ».

Y a-t-il jamais eu, en effet, d'époque où la philanthropie se soit manifestée, comme de nos jours, avec autant d'activité, de diversité, de persévérance et de succès ? Ne voit-on pas surgir de tous côtés, dues aux pouvoirs publics ou à l'initiative privée, les œuvres de bienfaisance les plus variées, comme les plus belles et les plus humanitaires? Est-ce que la charité et la générosité, intarissables dans leurs moyens et inépuisables dans leurs ressources, se sont montrées, en un temps quelconque, avec autant d'éclat, affirmant ainsi les principes d'une indiscutable et profonde solidarité humaine?

Parmi les réconfortantes préoccupations actuelles de l'opinion publique, il en est une qui nous touche, nous, les éducateurs de la jeunesse, de plus près que les autres, c'est celle qui a pour objet d'entourer l'enfance, du bas âge à la vingtième année, de patronages affectueux, intéressés à son développement physique, à son instruction, à son éducation, à son avenir.

L'idée d'une semblable entreprise est due à la Ligue de l'Enseignement, cette vaillante association fondée par le regretté Jean Macé, qui depuis bientôt une trentaine d'années provoque par toute la France, « l'initiative individuelle au profit du développement de l'instruction publique ». Mais il faut que l'on puisse compter, pour la faire réussir, sur le concours empressé des Municipalités, des Délégations cantonales, des Caisses des écoles, des Commissions scolaires, etc., car l'État ne saurait à lui seul en assumer toutes les charges.

Ce que l'on veut, c'est protéger l'enfant contre tous les dangers qui l'entourent, depuis sa naissance jusqu'à sa majorité, l'enlever à la rue, même pendant les entre-classes, le défendre contre les mauvais contacts et les pernicieuses influences, lui donner des habitudes de travail, le goût des choses saines et utiles à sa propre éducation, lui procurer plus tard un emploi conforme à ses aptitudes, lui assurer, en un mot, par tous les moyens possibles, la plus grande somme de bien-être matériel et moral.

Et pour arriver à ce but, on poursuit l'institution de patronages laïques pouvant s'exercer :

Avant l'école, par la création de crèches, où l'on garde pendant le jour les enfants du premier âge, afin de permettre aux mères, quand le besoin l'exige, de travailler hors de leur domicile ; par des visites aux enfants malades, pour veiller sur l'application des meilleures règles de l'hygiène et de la propreté ; par la distribution gratuite de vêtements et de médicaments aux enfants pauvres, etc. ;

Pendant l'école, par l'organisation de comités, pour encourager et faciliter la fréquentation scolaire, pour créer là où elles n'existent pas encore des caisses des écoles, destinées à procurer gratuitement des fournitures de classe et des vêtements aux nécessiteux ; pour établir des cantines scolaires où l'enfant trouve, sans bourse délier, ou moyennant une très faible redevance, ses différents repas de chaque jour; pour fonder des sociétés de secours mutuels entre élèves, dans le but de faire naître et développer de bonne heure, par la pratique de l'épargne et de la mutualité, des habitudes d'économie et de prévoyance, des sentiments de bonne camaraderie et de fraternelle solidarité; pour installer des refuges, où l'enfant trouve asile et plaisir, en dehors des classes, et nourriture au besoin pendant le chômage ou la maladie du père de famille, etc. ;

Après l'école, par l'attrait de lectures, de causeries familières, de conférences, de jeux, de chants, de promenades, et, en outre, pour les jeunes filles, de cours de couture, de coupe, d'économie domestique ; par l'enrôlement dans des sociétés de gymnastique, d'exercices militaires, de tir, de sport, de musique ; par la création d'associations amicales d'anciens élèves d'une même école ; par une hospitalité agréable et utile, offerte dans un local approprié, les dimanches et jours de fête, et le soir dans la semaine ; par l'entretien des habitudes acquises d'épargne et de mutuels secours ; par le placement des jeunes gens des deux sexes et la visite fréquente des employés et des patrons, etc.

L'entreprise est immense et peut paraître, de prime abord, d'une réalisation difficile pour ne pas dire impossible. Mais si l'on songe à ce que peuvent tous ceux qui ont une foi ardente en leur idée, si l'on se représente tout ce que la Ligue de l'Enseignement a fait depuis 1866, on peut être assuré qu'elle saura mener à bien l'exécution de son programme.

A toutes les associations, qui existent déjà ou qui se fondent à son appel, la Ligue promet de « les seconder, de les aider de ses conseils, de ses relations constantes avec les pouvoirs publics, de centraliser, pour en faire profiter tous les adhérents, les renseignements et communications que chacun d'eux voudra bien lui faire. En un mot, elle se propose, en respectant absolument l'indépendance de toutes les initiatives locales, de leur donner, dans la mesure où ses statuts et ses ressources le lui permettront, son appui le plus dévoué».

En ce qui nous concerne, nous ne pouvons qu'applaudir très vivement à cette propagande aussi généreuse que hardie, aussi belle et noble que courageuse et la seconder de tous nos efforts.

Oui, nous voudrions voir se multiplier, sous toutes leurs formes, ces comités de patronage de l'école publique, et c'est la raison pour laquelle nous faisons un pressant appel aux instituteurs. Nous leur demandons de répandre autour d'eux ces saines et bienfaisantes idées d'assistance scolaire, et nous les supplions de travailler de leur mieux à les réaliser. Pour cela, qu'ils interviennent auprès des municipalités, afin d'obtenir leur concours, en leur montrant qu'il n'y a pas de devoir plus impérieux pour elles que celui qui correspond aux droits sacrés de l'enfance. Qu'ils s'adressent aux personnes généreuses et dévouées à l'école laïque; beaucoup ne demandent qu'à agir et à user de leur superflu pour faire le bien autour d'elles. Il n'est pas de localité où quelque institution utile n'ait sa place. Avec de la bonne volonté et de la persévérance, on trouve à faire et l'on fait tant de choses! A l'œuvre donc!

LA PRÉVOYANCE ET LA MUTUALITÉ SCOLAIRES (1)

Notre réunion annuelle, toujours imposante par le nombre de ses membres, surtout par la présence des plus hautes notabilités départementales, a pour principal objet l'examen des affaires concernant votre Société de secours mutuels. Mais avant de passer à ces questions, nous voudrions vous entretenir quelques instants d'un autre genre de société, d'une œuvre qui émane avec la vôtre d'un même principe, à laquelle nous avons fait allusion dans un récent appel en faveur des « Patronages scolaires », celle de la prévoyance et de la mutualité à l'école.

(1) (Extrait d'un discours prononcé en 1895 à l'Assemblée générale des membres de la Société de secours mutuels des instituteurs et institutrices d'Eure-et-Loir.)

Nous ne sortirons pas ainsi du domaine de la solidarité humaine ; nous explorerons ensemble un terrain qui avoisine le nôtre, pour mieux dire, qui l'entoure sans ligne de séparation, comme si les deux n'en faisaient qu'un seul.

En agrandissant notre horizon pour porter plus loin nos regards, nous apprendrons ce qu'on peut tirer de la notion de mutualité en faveur de nos élèves, et chacun de nous pourra travailler ensuite à mettre en œuvre, dans la mesure de ses moyens, les résultats de nos investigations.

Pendant longtemps, on avait prétendu que le souci de l'épargne était de nature à nuire au développement des aspirations généreuses chez les enfants ; qu'il ferait, trop tôt connu de la jeunesse, des égoïstes oublieux ou dédaigneux de leurs devoirs de charité ; mais nous croyions que le temps, qui voit éclore et se développer tant de choses, qui apporte sans cesse dans les esprits de nouvelles clartés, à la lumière desquelles se modifient parfois nos convictions les plus intimes, nous croyions que le temps avait fait justice, à bon droit, de cette opinion.

Il n'en est rien, paraît-il, si nous en jugeons par ces quelques lignes que nous extrayons d'un des grands organes de la presse politique: « Apprendre aux enfants à économiser trop « tôt ? Mauvaise affaire au point de vue psy- « chologique ! L'enfant doit être désintéressé, « généreux, chevaleresque, vraiment français. « Et j'ai peur que les Caisses d'épargne ne « développent, outre mesure, la passion de « thésauriser chez les avares de l'avenir sans « corriger les jeunes prodigues ».

Cette protestation a certainement pour mobile un très louable sentiment, mais elle est le fait d'une erreur qui procède, comme diraient les philosophes, du dénombrement imparfait, et aussi de la confusion de deux termes, très éloignés cependant l'un de l'autre, l'étroit et vil égoïsme et la sage et bienfaisante prévoyance.

L'expérience nous montre chaque jour que

l'enfant peut apprendre en même temps à penser à lui-même et aux autres ; tout dépend de l'éducation qu'il reçoit, de l'action et de l'influence de ceux qui l'élèvent, de la direction que l'on donne à ses penchants naturels.

Nous en avons pour preuve ces Sociétés de secours mutuels scolaires, de création récente, qui existent dans quelques arrondissements de Paris et dans plusieurs villes de France, qui fonctionnent à l'entière satisfaction de leurs fondateurs, donnant déjà d'excellents résultats et s'annonçant avec de superbes promesses pour l'avenir.

Initier de bonne heure nos élèves à l'économie, cette base essentielle du bien-être et de la sécurité des familles et des peuples, serait une mauvaise affaire pour la psychologie ? Au surplus nous ne voyons pas très bien ce que vient faire ici la psychologie. L'épargne et la prévoyance sont choses qui appartiennent au domaine de la morale, et telles que nous les entendons, telles que nous désirons les voir pratiquer, nous proclamons bien haut qu'il n'y a rien de plus moralisateur.

N'est-ce pas en en prêchant les irréfutables bienfaits, en les faisant reconnaître, en cherchant à répandre et à développer de toutes parts l'idée de mutualité, qu'on aidera puissamment à combattre la gêne et la misère dans les familles où tout repose sur le salaire du chef ? qu'on empêchera l'oisiveté avec son cortège de vices d'entrer dans ces intérieurs, pauvres mais honnêtes, qui ne demanderaient souvent qu'un peu d'aide morale pour être heureux ? Non, il n'est jamais trop tôt pour déposer dans l'esprit des citoyens futurs les principes d'une sage économie, et dans leur cœur les sentiments d'une généreuse assistance réciproque.

C'est ce qu'ont parfaitement compris ceux qui se sont donné la tâche de créer ces associations d'enfants et de jeunes gens, dont le but est de fonder et d'entretenir, avec de très faibles cotisations, des caisses de secours mutuels.

La plupart de ces institutions reposent sur les bienfaits de la mutualité combinée avec la prévoyance à long terme. Chaque membre adhérent verse par semaine la modique somme de dix centimes, dont la moitié sert à alimenter un fonds commun de secours, et l'autre, à constituer un livret individuel de retraite. En même temps qu'on initie les enfants à l'économie, à l'épargne, à la prévoyance, qu'on tend ainsi à les affranchir pour plus tard du bureau de bienfaisance ou de la mendicité, qu'on développe par voie de conséquence le sentiment de la dignité personnelle, on fait naître dans leur âme l'esprit d'estime réciproque, de bonne camaraderie, d'étroite solidarité : on fait œuvre à la fois éducative et sociale.

Voici les principaux détails sur le fonctionnement de ces sociétés :

Le fonds commun est principalement utilisé pour donner, aux familles des sociétaires malades, des secours qui consistent en une somme variable avec la durée de la maladie, mais qui ne dépasse pas 50 centimes par jour pendant le premier mois. Comme la caisse reçoit, en dehors des cotisations des sociétaires, des subventions communales, des souscriptions de membres fondateurs et de membres honoraires, les dépenses pour frais de maladie sont loin d'atteindre le chiffre des recettes ; le reliquat est employé à former une réserve et un fonds commun de retraite. Ce fonds, versé à la Caisse des dépôts et consignations, s'y augmente de ses intérêts annuels accumulés ainsi que des subventions de l'État, de telle manière que lorsque les sociétaires compteront cinquante-cinq ans d'âge, quarante ans d'association, et qu'ils justifieront de la régularité de leurs versements, ils recevront une pension de retraite dont le chiffre ne peut être encore bien déterminé, mais qui serait assez engageant, d'après les calculs qu'on en a faits.

Le livret individuel de retraite, que l'on

obtient dès qu'une somme de cinq francs est acquise au sociétaire, est la propriété de l'élève et lui prépare une rente viagère, qui s'augmentera par le paiement régulier des cotisations et par des versements facultatifs; il pourra en jouir à quelque moment qu'il se sépare de la Société, si faible que soit le capital qu'il aura ainsi formé. Et ce livret, après le décès du titulaire, passe à la famille.

La Société est administrée par un Conseil composé surtout de membres pris dans la municipalité, la délégation cantonale, la caisse des écoles, le bureau de bienfaisance, la commission scolaire. C'est à l'école que se fait particulièrement la propagande en faveur de l'œuvre, que les enfants signent leur adhésion, qu'ils effectuent leurs versements hebdomadaires et qu'ils reçoivent des bons de secours; l'instituteur, à des époques déterminées, porte ses recettes à la caisse de l'Association, qui solde aux ayants droit les secours accordés.

En somme, rien de bien compliqué dans tout cela ; il y faut surtout du dévouement, un grand amour de l'enfance, une ardente passion pour le bien et la ferme volonté de réussir.

Ces qualités, vous les avez généralement à un très haut degré, et c'est la raison pour laquelle nous vous convions à étudier de près l'organisation de ces petites sociétés, à vous rendre compte de tous leurs avantages, et à chercher autour de vous les moyens d'en créer de communales dans les grands centres, de cantonales partout ailleurs.

Pour cela, il vous suffit d'avoir la foi, une foi vive, et un vouloir obstiné ; et quelque part où l'expérience pourra être tentée, vous aurez avec vous, nous en sommes sûr, le conseil municipal, les délégués cantonaux, et tout ce que l'école compte d'amis dévoués et généreux.

Vous créerez ainsi, pour chacun de vos élèves adhérents, une source de secours immédiats et deux propriétés individuelles qui seront le prix de leur persévérance dans l'épargne et l'association, l'une à jouissance lointaine, l'autre, grossissant à leur gré, qui deviendra l'objet de tous leurs soins; ils verront dans l'une et l'autre un avoir assuré auquel ils s'attacheront, pour lequel ils voudront travailler; ils seront ainsi naturellement détournés de la paresse, du désœuvrement, des sentiments d'envie et de jalousie, de toutes ces passions mauvaises qui mènent à toutes les hontes, poussent aux révoltes et aux violences coupables, et conduisent à la dégradation humaine.

Initiateurs de tous ces bienfaits, vous aurez rendu de grands services à nos populations et de plus grands encore à la Société et à la République.

L'ÉDUCATION DES ADOLESCENTS ET DES JEUNES ADULTES

L'an dernier, au moment où le personnel de nos écoles préparait la question des cours d'adultes, mise à l'ordre du jour des conférences pédagogiques d'automne, la Ligue de l'Enseignement discutait le même sujet dans son 14e congrès à Nantes.

Dans un fort beau discours, le président, un ancien ministre de l'Instruction publique, proclamait « qu'il ne suffit pas qu'à treize ans, si les lois sont vraiment appliquées, chacun des enfants du pays soit certain de sortir de l'école avec le bagage de notions élémentaires indispensables à tout homme civilisé ; dans les années qui suivront, ajoutait-il, il importe qu'il ne perde rien de ce qu'il a appris à l'école, qu'il accroisse ce premier trésor ; qu'il ait à sa disposition, suivant la profession qu'il aura en vue, des connaissances plus précises et plus étendues ; il faut enfin qu'il soit préparé non pas seulement à son métier, mais à la vie, et qu'il ait, vienne l'âge d'homme, acquis non seulement les connaissances, mais encore et surtout les forces qui lui seront nécessaires pour remplir le triple devoir et porter la triple dignité du chef de famille, du soldat et du citoyen ».

De son côté, M. Buisson, l'éminent directeur de l'enseignement primaire, délégué de l'administration centrale au congrès, traduisait ainsi l'appel des organisateurs en même temps que sa propre pensée :

« L'école n'est pas tout. Entre cette école et la vie, il y a une période singulièrement dangereuse à franchir ; il y a l'adolescence. C'est maintenant le passage critique.

» Actuellement l'école, fût-elle excellente, a un défaut capital : elle n'a pas de lendemain.

Il faut lui en donner un. L'enfant qui nous échappe à onze ans, fût-ce même à treize ans, ce n'est encore qu'un faible enfant dont le caractère n'est pas fait, dont l'avenir n'est pas décidé : il a appris, dites-vous ; mais combien plus vite il va désapprendre si nous n'y veillons ! Le peu qui a été laborieusement fait par l'école, comme il risque d'être défait en un instant par la rue et par l'atelier, si nous n'y veillons !

» De l'école au régiment : voilà le point faible de notre système scolaire et social. Portons tout notre effort sur ce point vulnérable. En attendant que la loi, si jamais la loi peut intervenir, nous aide à combler cette lacune, signalons-la à tous les gens de bien et demandons à chacun de faire ce qui dépend de lui pour que l'apprenti et le jeune ouvrier conservent et, s'il est possible, accroissent ce que l'écolier a reçu. Bibliothèques, conférences, cours d'adultes, lectures, excursions instructives, sociétés d'instruction, de patronage et de solidarité, toutes les formes du secours à l'intelligence, de l'appel aux bons sentiments, de l'échange des sympathies et du réveil des espérances, de l'appui dans la vie pratique, de l'aide vraiment fraternelle et vraiment démocratique : créez-les, nous dit la Ligue et multipliez-les à l'infini, sans compter vos fatigues, sans mesurer vos dévouements, et vous aurez à peine fait votre devoir de Français et de républicain. »

Dans une autre circonstance, le même représentant de M. le ministre de l'Instruction publique, disait aux membres de la Chambre des députés : « Il n'y a qu'une voix dans le pays républicain pour demander à l'instituteur, aux commissions scolaires, aux délégués cantonaux, à tous ceux qui s'intéressent à l'école, d'unir leurs efforts comme en un faisceau commun pour continuer l'œuvre de l'école au delà de l'école, jusqu'à cette période que l'honorable M. Bourgeois, dans l'admirable discours de Nantes dont on parlait tout à l'heure, signalait si franchement comme la période critique où se perdent, où risquent de disparaître la plupart des germes si laborieusement semés par l'instituteur.

» C'est sur ce point précis, sur ce point douloureux qu'il faut que la société porte maintenant tous ses efforts.

» Après l'enfance, la jeunesse ; car elle aussi a besoin d'éducateurs ».

Quelque temps auparavant avait paru le décret du 11 janvier 1895, relatif aux cours d'adultes subventionnés.

Et, pour montrer tout ce qu'il mettait de diligence et d'activité pratique à donner satisfaction à l'opinion publique sur une question d'aussi grande importance, le gouvernement confiait à M. Édouard Petit, professeur au Lycée Janson et publiciste distingué, la mission de procéder, en France, à une enquête générale sur les meilleurs moyens d'instruire les jeunes gens après leur sortie de l'école.

De plus, en juillet dernier, dans une longue et très instructive circulaire, M. le ministre de l'Instruction publique s'adressant lui-même et directement aux Délégations cantonales, et aux Caisses des écoles, leur tenait ce langage pressant et élevé sur l'instruction des adolescents et des adultes : « De toutes parts, en France, on demande que l'instruction ne s'arrête pas à la période scolaire obligatoire, qu'un grand effort soit tenté pour donner un lendemain à l'école, que de douze à dix-huit ans, l'apprenti et le jeune ouvrier ne soient pas absolument destitués de tout secours intellectuel et moral, mais reçoivent quelque part, sous des formes appropriées, encore un peu d'enseignement, encore un peu d'éducation. De l'école au régiment, s'étend l'âge critique à franchir, celui où l'adolescent n'est plus soutenu par l'école, n'est pas encore armé pour la vie et se trouve si souvent exposé aux tentations de la rue et du cabaret.

» Il n'est pas possible que notre pays se résigne à laisser de la sorte inachevée une œuvre à laquelle il attache ses plus chères, ses plus patriotiques espérances. Nous avons trop fait en faveur de l'enfant pour ne pas y ajouter le strict nécessaire en faveur de l'adolescent ! »

C'est ce que le même ministre, M. Poincaré, traduisait encore non moins éloquemment dans son discours de clôture au congrès du Havre : « Jamais plus qu'aujourd'hui, le passionnant problème de la formation intellectuelle et morale de la jeunesse n'a été à l'ordre du jour de l'opinion publique. Lisez les revues pédagogiques, les journaux politiques ou littéraires ; écoutez les confidences des pères de famille, les réflexions des maîtres, les observations des municipalités et des administrations. De toutes parts, vous recueillerez cet avis qu'il y a dans l'organisation générale de notre enseignement, sinon proprement une lacune à combler, du moins une réforme complémentaire à introduire et que, loin de nous endormir paresseusement sur les résultats obtenus, nous devons redoubler de vigilante activité dans la recherche des améliorations nécessaires ».

Tout cela met hautement en complète évidence tout ce qui s'attache d'intérêt de premier ordre à la solution d'un problème auquel se trouve si étroitement uni l'avenir de la jeunesse et de la démocratie françaises.

Nous ne pouvions donc mieux être inspirés, l'année dernière, en recherchant déjà, par une étude longuement préparée, puis soumise à la lumière de nos libres discussions, les moyens d'apporter dans le fonctionnement des cours d'adultes les améliorations que réclame l'état actuel de l'instruction populaire du pays.

Comme vous l'avez pensé, si nous voulons attirer et retenir les jeunes gens dans les réunions organisées chaque hiver à leur intention, c'est surtout, en dehors des cours de perfectionnement, par des lectures intéressantes et utiles, par des causeries familières sur ce qui les touche de près, par des conférences d'histoire, d'instruction civique, de morale sociale, de droit usuel, d'économie politique, de colonisation, d'agriculture, d'hygiène, etc., par des récits de voyages, de découvertes et d'inventions, que viendront compléter, autant que possible, des projections lumineuses ; par l'extension des bibliothèques, en faisant appel à la générosité publique et en créant l'œuvre du *sou des bibliothèques* ; par des distributions solennelles de récompenses à la clôture des conférences et des cours.

Mais il ne faut pas que vos résolutions restent à l'état de lettre morte ; vous devez vous préoccuper sans retard de ce qu'il vous sera possible de faire, chacun dans votre milieu.

Nous avons le ferme espoir que tous les cours qui ont existé jusqu'ici, grâce aux subventions communales et départementales, continueront de fonctionner ; bien plus, nous aimons à penser qu'avec un nouveau programme ou sous une nouvelle forme, ils recevront un sérieux regain de vitalité. Quant aux communes qui en sont dépourvues, il est de toute nécessité que les instituteurs et les institutrices y travaillent à obtenir de leurs municipalités les fonds nécessaires pour organiser ce complément indispensable de l'école.

Sous une forme ou sous une autre, il est toujours possible de trouver à satisfaire tous les goûts, tous les tempéraments et toutes les aptitudes.

Au surplus, les termes du décret permettent d'avoir recours, en dehors des instituteurs, pour la direction et la marche de ces cours et conférences, à toutes les personnes compétentes et honorables de chaque localité; délégués cantonaux, professeurs honoraires ou en exercice de l'enseignement secondaire et de l'enseignement supérieur, professeurs d'agriculture, juges de paix, médecins, pharmaciens, notaires, etc. ; la seule formalité à remplir consiste dans une demande agréée par le maire, qui doit être approuvée par le préfet après avis de l'inspecteur d'académie.

Nous recommandons en outre de s'appuyer, au besoin, pour créer ces soirées instructives d'hiver, sur certaines associations telles que la Société des conférences populaires(1), comme

(1) Siège social à Paris.

uelques instituteurs l'ont déjà fait, sur la Li-
ue de l'enseignement (1), sur la Société d'en-
eignement par l'aspect (2) : on en recevra
out au moins de précieux conseils, des ren-
eignements fort utiles et de très intéressants
ocuments.

Par le concours ainsi assuré de toutes les
onnes volontés, par une habile combinaison
e multiples efforts, par l'infusion surtout de
ouveaux éléments de vitalité dans l'orga-
isme des anciens cours, l'œuvre patriotique
e l'éducation des jeunes adultes, dans un
épartement où elle a toujours été en honneur,
era inévitablement appelée à répondre, en se
éveloppant encore et en se perfectionnant,
ux besoins actuels d'un peuple libre qui
spire à la plus grande somme de force et de
noralité.

(1) Siège social, à Paris, rue Jean-Jacques Rousseau, n° 14.
(2) Siège social au Havre.

LE RECRUTEMENT DE L'ENSEIGNEMENT SECONDAIRE

L'enseignement primaire, vous le savez, n'est qu'un des trois termes de la forme complexe sous laquelle se distribue l'instruction nationale, et les trois ordres d'enseignement se prêtent un mutuel et nécessaire appui.

En effet, l'enseignement primaire est une des principales sources d'alimentation des classes inférieures de l'enseignement secondaire et la pépinière de la plupart des titulaires de ces classes. L'enseignement secondaire, de son côté, donne ses bons élèves à l'enseignement supérieur et lui cède les plus distingués de ses maîtres. En retour, l'enseignement supérieur, qui invente et qui créé, qui est à vrai dire la pensée, la force intellectuelle d'un peuple, génératrice de la force matérielle, rayonne sur les deux autres, les pénètre, les anime, les perfectionne, et révèle le parti à tirer des connaissances primaires et secondaires pour le développement de l'esprit, l'éducation de la volonté et la formation des caractères.

Le lien qui unit ces trois enseignements est ainsi des plus étroits ; chacun ne peut vivre séparé des deux autres, et c'est dans leur ensemble qu'ils constituent le domaine intellectuel d'une nation.

Aussi devons-nous tous, dans un intérêt social de premier ordre, selon la mesure de nos moyens, chercher à rendre cette union plus intime encore, et travailler à favoriser ce mouvement propre aux nations démocratiques, qui porte les individualités marquantes du troisième rang au second, du second au premier, qui pousse les intelligences vers les régions supérieures de la société pour en former les classes dirigeantes, cette aristocratie promise à tous ceux qui se distinguent par le talent et la vertu.

Vous avez, Messieurs les Instituteurs, qui êtes en contact permanent avec nos populations ouvrières et agricoles, un rôle bien marqué dans cette évolution. C'est à vous qu'il revient de préparer cette sélection des individus, d'abord par la manière dont vous donnerez l'instruction, puis en excitant au travail de l'esprit plus particulièrement ceux de vos élèves qui s'annoncent avec d'heureuses dispositions naturelles, enfin, par votre intervention auprès des familles, pour leur faire connaître le lycée ou le collège et leur indiquer les moyens d'y faire arriver même les enfants des plus déshérités de la fortune. N'oubliez pas qu'au-dessus de vos écoles il en est d'autres qui font de l'élève primaire, — l'ouvrier dans l'ordre économique, — successivement un contre-maître et un ingénieur.

Une nation comme la nôtre, qui a pour principe fondamental d'utiliser toutes ses forces vives, doit les rechercher jusque dans ses couches les plus profondes, pour les distribuer ensuite, selon leur valeur, au rang et à la place d'où chacune pourra lui rendre le plus de services.

Mais dans cette œuvre de perpétuelle régénération, elle a besoin du concours de tous les éducateurs de la jeunesse ; et si elle leur demande de faire émerger à la surface toutes les capacités, elle veut aussi qu'on détourne d'une ascension périlleuse toutes les médiocrités, dont le sort est d'aller grossir, après leur chute, l'armée déjà trop nombreuse des déclassés.

Dans ce plaidoyer en faveur des études secondaires, nous nous adressons aussi bien aux Institutrices qu'aux Instituteurs. Vous aussi, Mesdames, vous devez ne pas perdre de vue que des lycées et des collèges faits pour elles attendent quelques-unes de vos élèves, celles qui seront un jour les épouses des contre-maîtres et des ingénieurs dont nous venons de parler; car, sachez bien que pour être, dans le vrai sens du mot, la compagne de l'homme, la femme, en dehors de ses obligations d'épouse et de mère, doit pouvoir s'intéresser dans une certaine mesure aux travaux de son mari, savoir lui suggérer une idée utile, lui donner au besoin un conseil et participer à ses jouissances de l'esprit.

Le regret que vous éprouverez parfois les uns ou les autres du départ prématuré de quelques bons élèves s'effacera bientôt devant la satisfaction du devoir accompli, car vous aurez ainsi, dans votre modeste sphère, concouru pour votre part au progrès humain, à la gloire et à la grandeur de la France.

L'ESPRIT DE CORPS

L'esprit de corps consiste dans cet attachement aux idées, aux croyances et aux intérêts de la société, de la corporation ou de la compagnie à laquelle on peut appartenir ; dans ce sentiment qui commande les bonnes relations, ainsi que l'appui moral et matériel entre les membres d'un même corps ou d'une même administration, qui veut que chacun poursuive le but commun avec un entier dévouement et l'oubli de soi-même.

Il s'oppose à l'esprit d'isolement qui naît d'un étroit égoïsme, qui méconnaît tout sentiment généreux, qui conduit à la division des hommes, et qui est la négation de toute société.

Sans doute, l'esprit de corps procède de la solidarité, de cette responsabilité mutuelle qui s'établit entre personnes groupées dans un même dessein, mais la compréhension en est autrement grande : il contient la solidarité et s'étend bien au delà. Il comporte pour ceux qui doivent le pratiquer une communauté d'origine ou d'éducation ; il veut qu'ils aient subi les mêmes disciplines morales ou intellectuelles, qu'ils soient soumis aux mêmes règles et qu'ils aient tous une foi ardente dans l'œuvre collective. Il exige que les difficultés, les conflits et les discordes qui s'élèvent dans la communauté ou le corps, que les faiblesses des uns et les travers des autres soient tenus secrets par chacun ; il commande la bienveillance, la cordialité, l'affection et le respect réciproques ; il repousse toute ingérence étrangère dans les affaires d'ordre général ou particulier et il impose le sacrifice. Tandis que la solidarité lie, l'esprit de corps unit intimement, il rapproche, il resserre, il agrège.

Ce sentiment, qui ressemble à celui de la famille, édifie autour de l'association comme une muraille qui la protège et cache la vie commune aux yeux des profanes. Souvent il entoure ainsi chaque membre d'un certain prestige, en même temps qu'il lui assure la considération et le respect publics.

Aussi conçoit-on la puissance et la beauté d'un pareil organisme lorsqu'il fonctionne sous l'impulsion de principes venant des sources de la plus haute et de la plus pure morale, débarrassés de toute étroitesse et de tout préjugé.

Par la solidarité et la responsabilité individuelle de ses membres, une corporation me paraît ressembler à ces merveilleux mécanismes que nous offre de toutes parts la nature, depuis la plus humble machine animale jusqu'à l'homme et, par delà notre globe, en dehors des êtres animés, jusqu'à ce prodigieux ensemble de corps célestes qui forment le monde solaire, et dont le grandiose et sublime agencement confond les plus hautes intelligences.

N'en trouve-t-on pas encore une très belle image dans ces savantes combinaisons de l'industrie humaine destinées à mesurer le temps, à produire et à transmettre le mouvement ou à travailler la matière première? où toutes les parties, solidaires les unes des autres, se soutiennent mutuellement, où chacune, avec une parfaite exactitude, effectue sa tâche directrice ou subordonnée, où toutes fonctionnent avec une irréprochable entente pour produire un effet surprenant de simplicité, de précision, de fini ou de grandeur, et toujours pour une plus sûre et plus prompte réalisation du but poursuivi.

Les anciens, qui excellaient à faire passer dans les esprits les vérités morales au moyen d'allégories, nous ont laissé sur ce que peut l'association un certain nombre d'apologues célèbres.

Vous connaissez celui d'Ésope, rajeuni par La Fontaine et quelques autres de nos fabulistes ou conteurs : un vieillard qui donne à ses fils un faisceau de dards à rompre, qui leur montre, après que chacun s'est épuisé en vains efforts, qu'en séparant ces dards, la rupture en est facile, et qui termine par ces mots:

« Vous voyez..... l'effet de la concorde ;
» Soyez joints, mes enfants ; que l'amour vous accorde. »

Valère Maxime, de son côté, nous rapporte que Sertorius, proscrit par Sylla, ne pouvant par ses discours empêcher les Lusitaniens, à la tête desquels il avait dû se mettre, de livrer une bataille générale aux Romains, leur fit adopter son opinion par un conseil détourné. Ayant fait venir devant eux deux chevaux, l'un très fort et l'autre très frêle, il ordonne qu'un vieillard débile arrache poil à poil la queue du premier et qu'un jeune homme d'une force remarquable enlève d'un seul coup celle du second ; mais, tandis que le bras du jeune homme se fatigue en vain, la faible main du vieillard s'acquitte de son office. Sertorius s'adressant alors à l'assemblée barbare désireuse de savoir où il voulait en venir : « L'armée romaine, dit-il, est sem-
» blable à une queue de cheval ; on peut

» l'anéantir en attaquant séparément ses di-
» vers corps, mais chercher à la détruire
» lorsqu'ils sont réunis, c'est lui donner la
» victoire avant de l'avoir prévenue. »

De tout temps et chez tous les peuples, on a toujours proclamé bien haut que « l'union fait la force », parce que cette vérité est une des propriétés essentielles de l'univers matériel comme du monde moral. Oui, l'union fait la force et avec elle l'alliance des cœurs et des esprits, la résistance au choc et à l'attaque ; elle engendre l'harmonie dans l'effort, elle multiplie l'action, elle produit la régularité dans les résultats.

En faut-il davantage pour qu'à toutes les époques les hommes aient cherché à se grouper en vue d'une défense commune, de l'exercice de l'autorité, d'une entreprise d'affaires, de la protection du travail, de la revendication de légitimes privilèges ?

Chez les Grecs et les Romains, les intérêts communs et le culte à rendre aux dieux président à la constitution de la *gens*, qui ne comprend que les membres d'une même famille ; puis de la phratrie ou de la curie, qui se compose de plusieurs familles ; plus tard, de la tribu, formée de plusieurs phratries ou curies ; enfin, de la cité, qui est une fédération de tribus.

Dans la Gaule et l'ancienne France, on se groupe pour la vie et les études communes dans le silence des monastères ; on s'unit pour réclamer des libertés communales ; on s'associe pour s'émanciper des entraves féodales et obtenir le droit au travail indépendant.

De nos jours, le besoin et la nécessité de l'union pour une action collective sont arrivés, par un essor vraiment admirable, à d'extraordinaires et prodigieux résultats. De tous côtés ont surgi des associations de tout ordre : littéraires, scientifiques ou artistiques, politiques ou religieuses, financières, industrielles, commerciales ou agricoles ; partout on ne voit que sociétés d'instruction et d'éducation, d'épargne, de protection et de bienfaisance.

En obéissant à ce mouvement par la création d'une société de secours mutuels pour assurer des indemnités à vos malades et des suppléments de pension à vos vieillards, vous avez donné un bel et noble exemple de solidarité professionnelle, et dans vos conférences pédagogiques, en discutant des questions d'intérêt commun, vous trouvez des occasions périodiques de fortifier ces louables dispositions morales.

Mais là ne doivent pas se borner vos devoirs réciproques, vous n'en auriez rempli qu'une partie. Il faut aussi que l'esprit de corps réside et règne parmi vous ; il faut qu'en toutes circonstances vos sentiments d'excellente confraternité se manifestent aux yeux de tous, que votre qualité d'éducateur vous soit partout une raison de bonne entente, de commerce facile et agréable; il faut surtout que ceux qui vivent dans une même commune entretiennent des liens d'étroite sympathie, qu'ils s'entr'aident au milieu des difficultés de l'existence, et qu'en toute occasion ils prennent loyalement la défense des absents.

Vos obligations ainsi comprises, quelles satisfactions intimes n'éprouverez-vous pas! Quelles joies seront les vôtres! Par surcroît, vous vous créerez de précieuses et durables amitiés, et vous donnerez aux populations ainsi qu'aux enfants dont l'éducation est votre tâche, un exemple que vous leur devez, qui ne sera pas le moins salutaire, celui d'une parfaite et inaltérable concorde, d'une affectueuse estime, en d'autres termes, d'un corps solidement uni dans le devoir et la pratique du bien.

TABLE DES MATIÈRES

Paris.— Imp. A. PICARD et KAAN, 102, rue de Tolbiac. 390, L. C.

RÉCITATION

EXERCICES DE MÉMOIRE. — *Récitation.* — *Conseils pédagogiques.* — *Maximes.* — *Morceaux expliqués.* - *Diction*

PAR

A. DELAPIERRE
Inspecteur de l'Enseignement primaire
à Paris
Officier de l'Instruction publique

A.-P. DE LAMARCHE
Délégué de l'Association des Membres
de l'Enseignement
Officier de l'Instruction publique

Cours élémentaire. — Récitation de poésies d'un genre très simple. *Principaux auteurs cités*; La Fontaine, Florian, Nadaud, Ratisbonne, Chantavoine, etc. In-18 cartonné, 17 vignettes. . . . . » 30

Cours moyen. — Récitation de fables, de petites poésies et de quelques morceaux de prose. *Principaux auteurs cités*: La Fontaine, Florian, Voltaire, Victor Hugo, Lamartine, André Theuriet, George Sand, Michelet, etc., in-18 cartonné, 28 vignettes. . . . . » 60

Cours supérieur. — Récitation expressive de morceaux choisis en prose et en vers, de dialogues, de scènes empruntées aux classiques. *Principaux auteurs cités*: F. de Neuchâteau, La Fontaine, J.-J. Rousseau, Florian, Th. Gautier, Boileau, Buffon, H. de Bornier, Bossuet, Racine, Mme de Sévigné, Victor Hugo, Al de Musset, Voltaire, Molière, Fénelon, Remy Belleau, Ducis, Malherbe, Châteaubriant, Béranger, F. Coppée, V. de Laprade, A. Daudet, in-18 cartonné, 28 vignettes. . . . . » 80

Ces trois cours sont adoptés par la ville de Paris, pour ses écoles et portés sur les listes départementales

ARITHMÉTIQUE

SYSTÈME MÉTRIQUE ET GÉOMÉTRIE USUELLE

Par une Société d'Instituteurs, sous la direction de

M. E. COMBETTE

ANCIEN ÉLÈVE DE L'ÉCOLE NORMALE SUPÉRIEURE
AGRÉGÉ DE MATHÉMATIQUES, INSPECTEUR GÉNÉRAL
CHEVALIER DE LA LÉGION D'HONNEUR

Cours élémentaire, contenant 115 figures et 730 exercices de calcul mental et écrit, in-18 cartonné. . . . . » 80

Problèmes et exercices (1081) complémentaires, in-18 cartonné » 45

Cours moyen et supérieur contenant un grand nombre d'exercices et de problèmes donnés dans les examens du brevet élémentaire et du certificat d'études primaires; commerce, industrie, épargne, vie usuelle, etc., in-18, avec figures, cartonné. 1 60

Livre du maître, 1 volume in-18 cartonné 2 50

Choix de problèmes donnés dans les divers examens du certificat d'études primaires ou du brevet de capacité, recueillis et mis en ordre par MM. Combette et Cuissart, in-18 cartonné contenant 2.166 problèmes. 1 25

Livre du maître, 1 volume in-18 cartonné 3 50

Tous les ouvrages formant le cours de M. E. Combette sont adoptés par la ville de Paris pour ses écoles; inscrits sur les listes départementales et couronnés par la Société pour l'instruction élémentaire.

www.ingramcontent.com/pod-product-compliance
Ingram Content Group UK Ltd.
Pitfield, Milton Keynes, MK11 3LW, UK
UKHW020144220726
13923UKWH00001B/366